肿瘤类器官建库精要与应用

王若雨　梁珊珊　房艳华　王　喆　编著

科学出版社

北　京

内 容 简 介

本书聚焦肿瘤类器官前沿领域，系统阐述了肿瘤类器官建库全流程，包括伦理申请、样本采集与筛选、原代培养及冻存、表征评价等，详解肿瘤类器官库在临床药敏检测、药物研发、放射生物学研究的应用，探讨了复杂模型构建、肿瘤进化模拟等热点方向及临床研究设计。

本书理论与实践结合，提供规范方案与典型案例，兼具学术深度与实用价值，适宜从事肿瘤研究、临床治疗及药物研发的专业人员参考阅读。

图书在版编目（CIP）数据

肿瘤类器官建库精要与应用 / 王若雨等编著. 北京：科学出版社，2025. 9.
ISBN 978-7-03-082990-0

Ⅰ. R730.2；R318.08

中国国家版本馆CIP数据核字第2025QL3829号

责任编辑：张艺璇 / 责任校对：张小霞
责任印制：肖 兴 / 封面设计：龙 岩

科学出版社 出版
北京东黄城根北街16号
邮政编码：100717
http://www.sciencep.com
北京市金木堂数码科技有限公司印刷
科学出版社发行 各地新华书店经销
*
2025年9月第 一 版 开本：720×1000 1/16
2025年9月第一次印刷 印张：10
字数：142 000
定价：78.00元
（如有印装质量问题，我社负责调换）

第一作者简介

王若雨　博士，主任医师，博士研究生导师。从事放射肿瘤工作30余年，在临床诊疗方面，打造了目前辽宁省唯一整合放疗、化疗、微创介入治疗等手段的多维度肿瘤综合治疗模式；通过一站式门诊、多学科诊疗模式（MDT），实行单病种多学科综合治疗；开展了动、静态调强放射治疗等先进外放疗技术；在国内率先应用3D打印模板结合CT引导辅助粒子植入，并达到国际领先水平。2020年，引入由我国自主研发的伽玛射束立体定向放射治疗系统“数码刀CybeRay”，实现了“可视化”的伽玛刀治疗。2021年引入美国BSD2000深部肿瘤相控阵热疗系统和国产智能动态聚能靶向治疗机，开设“肿瘤绿色治疗门诊”，为患者制定更精准有效、绿色无创的治疗方案。

作为辽宁省重点实验室负责人，以循环肿瘤细胞检测及基因高通量筛选为平台，开展液态活检疗效判定、预测肿瘤复发转移的基础与临床转化研究。自2018年起，开展肿瘤类器官培养和应用探索等相关工作，建立了泛癌种肿瘤类器官（活）库。基于该样本库，积极推进三方面的转化应用工作：以患者组织、恶性积液建立肿瘤类器官进行药物敏感性测试，为患者提供个性化诊疗服务；建立肿瘤高通量药物研发平台，为药企或科研单位提供一种更能反映患者体内真实情况的肿瘤模型，降低药物研发成本；结合AI图像识别技术，研发类器官药敏检测自动化点样、判读系统。目前，类器官技术已获批2项专利：一种含基质胶的硬度可调的水凝胶类器官球及其制备方法和应用（CN114214267B）；一种仿生多能生物界面体系的微流控芯片及其制备方法（CN107955775B）。

长期深耕于肿瘤综合防治与个体化治疗领域，承担国家高技术研究发展计划（863计划）子课题1项、科技部重大专项子课题1项，主持国家自然科学基金项目2项、辽宁省“揭榜挂帅”科技攻关项目1项。获大连市科技进步奖一等奖2项，辽宁省医学科技奖三等奖1项，取得授权专利11项。在国内外期刊发表论文100余篇，主编、参编专业书籍5部。获中国医师奖、“兴辽英才计划”杰出医学名家、辽宁省优秀科技工作者、辽宁省劳模和大连市领军人才等荣誉。

序

若雨教授寄来书稿，请我抽空过目，并希望写几句推荐语。书稿尚未展开，心中已有期待。读罢一遍，果不失所望，甚至有许多超出我原本想象之处。

众所周知，肿瘤类器官，作为源自患者的三维培养体系，较好地保留了原发肿瘤的组织结构、基因突变、分子特征乃至药物反应性，已逐渐成为当前临床前研究中最具生理相关性的模型之一。相比传统细胞系，它更“近患者”；相比动物模型，它通量更高、可控性更强，也更贴近精准医学的真正需求。我们可以毫不夸张地说，在新药开发、治疗敏感性预测、肿瘤进化与异质性研究等方面，肿瘤类器官正日益成为不可替代的关键平台。

但技术的进步不等于应用的普及，从“可行”到“可用”再到“可推广”，其间需要无数研究者投入心血、不断试错，方能蹚出一条通向实践的路。《肿瘤类器官建库精要与应用》一书，正是王若雨教授及其团队六年来脚踏实地实践探索的结晶。它不是那种泛讲原理的教材式图书，而是一部立足实验室、面向临床、强调可实施路径的经验之谈，是可以指导一线团队建库、运营、转化的“实践手册”。

从伦理申请、样本筛选、建库流程，到冷冻回溯、模型表征、技术问题解析，再到临床药敏、高通量方案、复杂共培养模型构建，乃至类器官在大队列研究中的实践路径，书中均有系统而清晰的阐述。在我看来，这不仅是团队经验的集成，更是肿瘤类器官从基础走向临床前转化的“操作图谱”。

更难能可贵的是，若雨教授团队始终坚持“转化为本”的理念，把肿瘤类器官真正作为精准医学的落点来建设，而非止于模型的建立。他们在探索类器官用于放疗敏感性评估、生物材料结合应用、单细胞与空间组学整合、肿瘤个体演化追踪等方向，均有所突破，尤其在推动标准化体系和真实世界研究范式方面，展示出清晰的系统思维与强烈的临床责任感。

肿瘤类器官研究方兴未艾，理论在发展，模型在优化，而路径的总结、经验的沉淀更显重要。这本书的出版，既是一种回顾与总结，也是一种分享与倡议。我衷心向从事实验肿瘤学、转化医学、个体化治疗、药物开发等相关领域的研究者、临床医生与技术人员推荐该书。它不仅值得一读，更值得多读、细读、常读。

也期待更多的研究者，能够投身于肿瘤类器官这一领域的实践与创新之中。将其打造为真正可支撑决策、指导治疗、缩短从实验室到病床路径的关键工具。

谨以此为序。

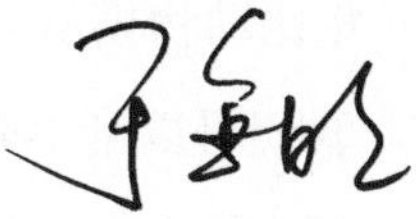

中国工程院院士

2025年8月22日

前　言

肿瘤精准治疗长期受限于体外模型与体内肿瘤微环境的差异，而肿瘤类器官这一“微器官”模型的崛起正打破这个困境。当前肿瘤类器官研究聚焦于多维度模拟肿瘤生态，通过整合血管、免疫细胞的共培养体系重现抗肿瘤免疫反应，借助类器官芯片与单细胞测序技术实现肿瘤血管生成动态监测与耐药机制解析。其临床药物敏感性预测准确率达 83%～91.7%，能在两周内为患者预判药物疗效，推动实体瘤的个性化用药从理念走向实践。此外，肿瘤类器官在药物筛选及研发中的巨大作用被药企肯定，能极大地缩短研发周期、减少动物实验，从而有效降低药物研发的时间与经费成本。

本团队自2018年起便开展了泛肿瘤类器官培养及应用探索工作，类器官样本（活）库中包括600余例患者样本。所建立的类器官涵盖的恶性肿瘤包括乳腺癌、肺癌、头颈癌、肾癌、结直肠癌、胃癌、食管癌、宫颈癌、卵巢癌、肉瘤及脑胶质瘤。样本入库标准较高，类器官需传5代以上、经过冻存复苏验证及病理学表征。另外，团队对约20%的入库样本进行了与其来源肿瘤组织一一对应的遗传学表征。目前，库中样本已经被国家干细胞库收录。此外，本团队自主研发了基质胶微球自动点样系统并取得专利。谨将团队在肿瘤类器官建库与应用领域的探索心得汇编成册，期望能为相关领域的同道提供些许参考。

本书系统梳理了肿瘤类器官建库的实践经验，从伦理审查规范、样本采集标准，到体外培养体系优化、冻存复苏技术及多维度表征评价方法，均结合团队实践进行了详细阐述，旨在为构建高质量肿瘤类器官库提供操作性参考，以保障类器官模型的稳定性与可靠性，为后续研究应用奠定基础。在应用探索章节，本书分享了团队基于肿瘤类器官库开展的临床药敏检测、新药研发筛选及放射生物学评估等实践经验。书中通过类器官药敏检测助力个性化治疗方案的制定，借助类器官平台加速药物研发进程，利用类器官模型在优化放疗策略等方面的探索等内容，均是对本团队近年来工作的总结。此外，本书对领域内的热点基础研究方向也进行了探讨，包括复杂共培养模型构建、结合生物信息学的肿瘤进化模拟、生物材料与类器官的融合应用及培养条件对类器官分化命运的调控等，这些内容反映了我们对当前研究前沿的思考。最后，结合临床研究设计思路，本书介绍了肿瘤类器官在大样本队列研究、小样本队列研究及个案分析中的应用实例，这些案例均来自团队及合作单位的实践积累，以期展现其在临床转化中的应用价值。

需要说明的是，肿瘤类器官技术仍处于快速发展阶段，本书内容基于团队现阶段的研究成果与认知水平。由于技术迭代速度较快，随着研究的深入与方法学的革新，部分观点与技术细节可能存在局限，恳请各位读者与同道批评指正。惟愿本书能为从事肿瘤研究、临床诊疗及药物研发的同仁提供有益参考，共同推动肿瘤类器官技术的发展与应用，为肿瘤患者带来更多希望。最后，对参与本书部分内容整理、校对与实验结果提供的陈冠璇老师及研究生左佳宁、于艳丽、冯泽硕、李彦佼、王震、琚博宇、王悦表示感谢。

本书内容涉及的研究得到以下基金和项目的资助：国家自然科学基金——m6A甲基化修饰调控LncRNA-H19介导鼻咽癌放射抵抗的机制研究（82172822）；辽宁省国际科技合作项目——基于液态活检和患者来源类器官模型验证的HPV cfDNA头颈部鳞癌预后检测研究（2024JH2/101900006）；辽宁省科学技术计划-联合计划-关键技术攻关项目——多维肿瘤类器官活库构建下的个体化医学与耐药机制研究（2024JH2/102600067）；“兴辽英才计划”医学名家项目（YXMJ-JC-10）；大连大学交叉学科发展项目——肿瘤类器官与进化计算模型驱动的个体化精准诊疗（DLUXK-2025-FX-001）。

王若雨

2025年8月于大连大学附属中山医院

目　录

第1章　肿瘤类器官概述

人类与肿瘤的抗争史伴随着科学与技术的发展历程。近一百年来，医学的发展加深了人类对肿瘤的认识，改进了肿瘤治疗手段。随着科学技术的进步，肿瘤的研究方法和分析手段日新月异，新的技术方法及相应的仪器层出不穷。然而，由于肿瘤异质性与进化等生物学特征带来的治疗抵抗和复发转移依然是21世纪的巨大挑战。能够模拟肿瘤微环境、形成体外自我更新的微组织结构并可实现规模化的肿瘤类器官，是极具研究潜力与转化价值的体外模型。相较于传统的体外生物模型，肿瘤类器官能够更准确地契合人体组织，更精准地反映来源组织的生理病理状态，最大限度地还原患者体内肿瘤组织的特异性，这无疑是解决肿瘤治疗抵抗和复发转移挑战的关键，将对未来的诊疗模式和新药研发产生深刻的影响。同时，随着类器官技术的不断发展，类器官的培养体系及应用方法正日趋完善，其在肿瘤领域的应用范围也在不断扩大，从药物筛选到精准医疗，从研究肿瘤细胞间的相互作用到研究肿瘤细胞与肿瘤微环境之间的相互作用，肿瘤类器官的身影无处不在，其为研究肿瘤的复杂机制提供了有力的工具。近些年来，肿瘤类器官的研究不断深入，越来越多的实验结果表明肿瘤类器官为肿瘤医学研究的划时代突破奠定了基础，未来将开创以肿瘤类器官为核心的肿瘤研究新时代，为无数肿瘤患者带来福音，为无数临床挑战带来希望。

1.1　肿瘤类器官的发展

1.1.1　肿瘤类器官技术

肿瘤类器官的发展是现代生物医学研究中一个重要的里程碑。早在20世纪初期，科学家们开始尝试将肿瘤细胞进行体外培养。然而，传统的二维细胞培养系统无法充分模拟体内肿瘤的复杂环境。虽然这些研究奠定了肿瘤生物学研究的基础，但由于缺乏三维结构和细胞-细胞间的相互作用，这些方法在模拟真实肿瘤环境方面存在显著局限。20世纪80年代，随着生物材料学和细胞生物学的发展，三维细胞培养技术逐渐兴起。研究人员发现，利用生物支架材料可以在体外构建三维组织结构，从而更好地模拟体内环境。这一时期的关键进展包括利用天然或合成的生物支架材料，如胶原蛋白、明胶和聚乳酸-乙醇酸共聚物（PLGA）等，来培养三维肿瘤组织。美国劳伦斯伯克利国家实验室的 Mina Bissell 采用小鼠肉瘤细胞外基质提取物成功地将乳腺上皮细胞培养成三维导管结构[1]。与此同时，干细胞研究也开始发展，进入21世纪后，干细胞研究的突破性进展为类器官技术的发展提供了新的契机。2009年，荷兰的Hans Clevers研究团队首次从小鼠肠道干细胞中培养出具有自我更新和多向分化能力的肠道类器官[2]。这一突破意味着类器官技术的诞生，并迅速扩展到其他组织和器官，包括肝脏、胰腺、肺、肾脏等。随着类器官技术的发展，科学家们开始尝试利用患者肿瘤组织建立肿瘤类器官模型。图1.1展示了肿瘤类器官的发展历程。2011 年 Hans Clevers 和 Toshiro Sato 再次合作，首次报道患者肿瘤组织来源类器官（肠癌）的成功建立[3]。

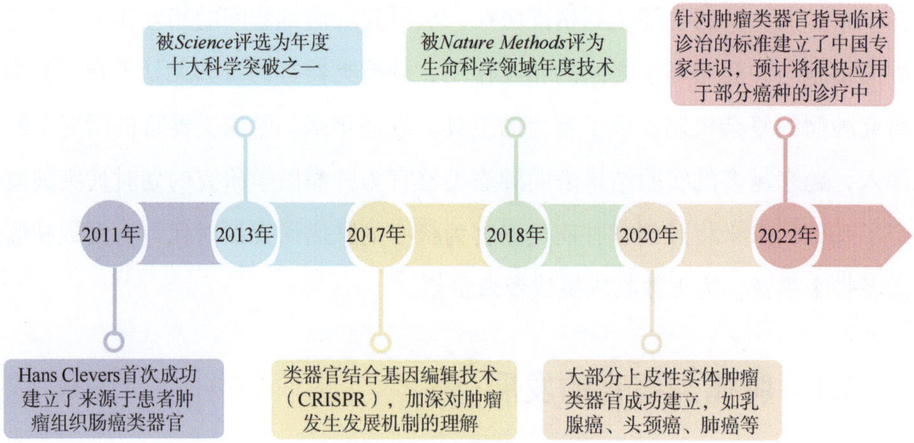

图1.1　肿瘤类器官的发展

CRISPR. 成簇规律间隔短回文重复序列

此后，越来越多的研究团队成功建立了各种类型的肿瘤类器官模型，包括乳腺癌、肺癌、胰腺癌、前列腺癌等。2013年类器官技术被*Science*评选为年度十大科学突破之一，2018年被*Nature Methods* 评为生命科学领域年度技术。2018年以后，肿瘤类器官的研究呈爆发式增长趋势。这些肿瘤类器官模型不仅在形态上与原发肿瘤高度相似，而且保留了肿瘤细胞的异质性和基因突变特征，为研究肿瘤生物学和开发新型治疗方法提供了宝贵的工具。

1.1.2 肿瘤类器官研究现状

近年来，随着高通量筛选技术的发展，肿瘤类器官在药物筛选和个性化治疗中的应用也越来越广泛。利用自动化的类器官培养和分析平台，研究人员可以在短时间内筛选大量化合物[4]，并评估其对肿瘤生长的影响。这不仅加速了新药研发的进程，还为个性化医疗提供了新的可能性。医生通过利用患者肿瘤组织建立类器官模型，并进行药物筛选，可以为每位患者量身定制最有效的治疗方案，从而在提高治疗效果的同时减少药物带来的副作用。研究者已成功建立了多种上皮性实体肿瘤类器官，包括乳腺癌、肺癌、甲状腺癌、胃癌、肠癌、肝癌、胰腺癌、食管癌、肾癌、前列腺癌、膀胱癌、卵巢癌、头颈癌、子宫内膜癌和神经内分泌癌[5, 6]。肿瘤类器官培养的取材来源广泛，主要包括临床样本、动物模型肿瘤、肿瘤细胞系、成簇规律间隔短回文重复序列（CRISPR）基因编辑的多能干细胞（PSC）等。肿瘤类器官研究正处于快速发展阶段，许多研究团队在不同类型的肿瘤中取得了显著成果。这些类器官模型为肿瘤生物学研究、药物筛选和个性化治疗提供了强有力的工具。例如，Sachs 等[7]在*Cell*上发表了一项研究，描述了从乳腺癌患者来源的样本中培养出的肿瘤类器官。这些类器官保留了原发肿瘤的基因突变和药物敏感性，为以个性化方式评估体外药物反应提供了策略。此外，在2015年，Boj 等[8]在*Cell*上报道了胰腺癌类器官模型的建立和应用。这种胰腺癌类器官可以从切除的肿瘤和活检组织中快速生成，在冷冻保存条件下存活，并且在病理学层面表现出导管结构和疾病分期的特征。肿瘤类器官研究现状显示，这一技术在多种肿瘤类型中取得了重要进展，还有更多不同癌种的类器官生物库在逐步建立和完善。这些类器官模型能够帮助我们更好地理解肿瘤的异质性和进化机制[9]，发现新的治疗靶点，评估药物疗效和毒性，并为每位患者制定个性化的治疗方案。随着技术的不断发展和优化，肿瘤类器官有望在未来的肿瘤研究和临床应用中发挥更大的作用。

1.1.3 肿瘤类器官现阶段的问题与局限性

肿瘤类器官技术在肿瘤研究和治疗中展示了巨大的潜力，但同时也面临着多种问题，限制了其在实际应用中的大规模推广。第一，肿瘤类器官模型的复杂性和模型对来源组织的还原度不足是目前面临的两个主要问题。尽管类器官模型可以在一定程度上模拟体内的肿瘤结构和微环境，但其复杂性仍然无法完全达到真实肿瘤的水平。当前常规培养的肿瘤类器官球体结构尚无法完全再现肿瘤组织复杂的微环境。现有的培养体系在重建肿瘤细胞与血管内皮细胞、免疫细胞等相互作用方面存在一定局限性。虽然部分研究尝试通过共培养不同类型的细胞来模拟肿瘤微环境，但这些模型仍然难以准确复现肿瘤在体内的空间结构及其细胞间的复杂交互。特别是在血管生成、免疫反应及基质的构建上，现有体系尚不能充分模拟真实肿瘤微环境中的动态变化。因此，肿瘤类器官模型在体现肿瘤微环境的多样性和复杂性方面存在一定的挑战，这限制了其在肿瘤生物学及治疗研究中的应用。针对重现肿瘤微环境的问题，科研人员正在积极探索三维（3D）生物打印结合微流控技术在组织重构中的作用。3D 生物打印可以通过预设程序控制多种生物材料、细胞和生物分子在空间维度上的模式，以复制体内肿瘤微结构[10]。例如，通过 3D 打印结合两种基质材料（基质胶和羟丙基甲壳素）及两种细胞（人肝癌细胞系 SMMC-7721 与人外周血单个核细胞或人脐静脉血管内皮细胞）构建的肝癌模型，比传统肝癌类器官更能还原肿瘤的结构功能，且能在一定程度上反映细胞上皮间质转化和侵袭情况。

第二，现阶段培养基成分仍需优化，对于一些累积性突变的肿瘤，现有体系下生成的类器官不能反映患者肿瘤全部的特征，存在一些分子标志物在类器官培养中丢失的现象。在长期培养过程中，一些肿瘤类器官模型可能会失去其原始的肿瘤特性和细胞异质性，这限制了其应用于长期研究和药物开发的可靠性。例如，Dekkers等[11]在囊括45例乳腺癌类器官的建库工作中，采用免疫组化方法对比了类器官与来源组织的分子标志物表达情况，结果显示，在类器官中雌激素受体（ER）的丢失率约25%，孕激素受体（PR）丢失率约25%，人表皮生长因子受体2（HER2）丢失率约20%，少数类器官样本也显示了分子标志物突变表达的情况，有10%的类器官样本表达ER，而其来源组织则不表达ER。

第三，尚未形成肿瘤类器官技术的标准化方案，各地开展的研究与应用具有一定的复现难度。目前虽然有十几个癌种建立了类器官方案，但对于特定癌种仍没有形成标准体系，且不同培养体系的成功率也有较大差异[6]。肿瘤类器官的建立和维护涉及复杂的实验技术和条件，但目前尚缺乏统一的标准化协议和技术平台，这限制了其在不同实验室之间的可比性和可重复性。不同实验室之间的类器官模型可能存在显著的差异性，这限制了研究结果的可比性和可验证性。类器官构建、药物筛选等方案的标准化需要引起全球专家的重视。此外，成本的降低对技术的普及也具有重要意义。结合材料科学中新型高分子材料的研究，对高分子进行表面修饰等技术处理[12]，可以逐步替代天然水凝胶，也能避免基质胶异源种属和批次间差异的问题。

第四，相较于二维细胞培养，肿瘤类器官因需要三维培养材料与复杂因子组合，具有较高的培养成本。同时，研究者们也在探索小分子化合物替代成本高昂的细胞因子的可能性。此外，使用患者肿瘤组织建立类器官模型涉及伦理审查、患者知情同意和知识产权保护等问题，需要严格遵守伦理和法律规定。肿瘤类器官技术的商业化和知识产权保护也是一个挑战，不同研究团队和公司之间的竞争可能影响技术的推广和共享。

肿瘤类器官技术在解决肿瘤研究和治疗的诸多问题上具有重要意义，但目前仍然面临多种技术和应用上的挑战。随着技术的进步和解决方案的不断提出，相信这些问题可以逐步被解决，肿瘤类器官技术将为未来的肿瘤研究和治疗带来更大的突破和进展。

1.2 肿瘤类器官的优势

如前所述，肿瘤类器官是指在体外培养的、由患者来源的肿瘤细胞形成的三维培养物，其高度保持来源肿瘤的主要组织形态、肿瘤标志物和遗传特征，这些肿瘤类器官能够在一定程度上模拟真实肿瘤的发育和功能特性[13]。肿瘤类器官最大的优势在于其本身的特性，即作为一种肿瘤体外模型，在不依靠动物的情况下，可以最大限度地模拟肿瘤的发生发展过程，进行临床前各项实验，从而全面验证和评估各种药物的安全性和有效性。癌症作为一种非常复杂的疾病，其异质性[14]是攻克癌症道路上的一个难题。异质性不仅指肿瘤细胞本身存在异质性，还包含肿瘤微环境之间的异质性，如肿瘤相关成纤维细胞和免疫细胞等。同时，肿瘤间的异质性表现在同一癌种的不同患者之间也存在明显的差异，如基因表达的差异或细胞形态的差异等。因此，肿瘤类器官的诞生为这些问题的解决指明了前进的方向。通过肿瘤类器官，研究者可以更好地模拟肿瘤异质性和肿瘤微环境，从而更好地理解癌症的全貌。

要理解肿瘤类器官的优势，就要先了解现有模型的局限性[15]，小鼠模型和二维细胞模型在长期的癌症研究中一直扮演着重要的角色。首先，小鼠模型的局限在于无法完全模拟人体内的肿瘤微环境，虽然小鼠模型可以模拟原代肿瘤的组织结构、基因组结构、病理特征及对药物的反应，但是在肿瘤构建的过程中，小鼠模型一般使用单一肿瘤细胞克隆形成，可能影响肿瘤异质性的特征，且其基因表达图谱也与肿瘤原发灶有一定的差异。其次，小鼠模型的构建周期长，使其无法在短时间内将基础研究的结果即时转化为临床应用，难以为个性化医疗提供服务。再次，无论是何种小鼠，都会涉及伦理及动物福利问题，这又给实验设计和实验方法套上了新的枷锁。而二维细胞模型虽然可以使实验周期明显缩短，但其缺点更加显而易见，二维细胞缺少了三维的结构模式，就无法复刻肿瘤在三维空间中生长的生物学行为；此外，二维细胞因缺少如血管内皮细胞、免疫细胞、成纤维细胞等成分，无法模拟复杂的肿瘤微环境[16]，这使得其难以克服肿瘤复杂异质性的问题。类器官的出现恰好弥补了小鼠模型和二维细胞模型的不足。类器官可以在三维培养下重现一种更加真实的肿瘤生长方式，在加入内皮细胞、免疫细胞或细胞外基质成分后，可以很好地模拟出复杂的肿瘤微环境及细胞-细胞之间的相互作用。肿瘤类器官模型还在伦理方面具备较大的优势，在其高度模拟人体肿瘤发生发展过程的背景下，可以更直观地反映肿瘤的疾病状态，减少了对动物实验的依赖性。表1.1对比总结了二维细胞模型、动物模型、肿瘤类器官在复现肿瘤异质性、建立成功率等方面的特点。

表1.1 传统体外模型和肿瘤类器官对比

	二维细胞模型	动物模型	肿瘤类器官
肿瘤异质性	低	中	高
成功率	高	低	中
高通量药物筛选	高	低	高
肿瘤微环境	无	有	有
伦理及动物福利	无	有	少
实验周期	短	长	中
实验成本	小	大	中
匹配正常对照	无	有	无
遗传肿瘤模型	无	有	无
生物库	无	有	无

肿瘤类器官的优势不仅体现在类器官技术本身的优越性，更体现在类器官技术与其他技术的出色结合，如微流控技术和3D打印技术。基于微流控技术而诞生的器官芯片具有广泛的发展潜力及应用前景。器官芯片是一种基于微流控技术的微型装置，用于模拟器官和组织的功能。器官芯片通常由透明的聚合物材料制成，内部包含微小通道和腔室，利用微流控技术在微小通道中控制流体流动，可以模拟体内的血液和营养物质运输。类器官与器官芯片相结合就产生了类器官芯片，这使得类器官技术和微流控技术得以结合，共同助力肿瘤相关研究。

Zuo等[17]简要描述了肿瘤类器官的高通量筛选过程。如图1.2所示，首先，在样本准备阶段，来源于患者的肿瘤组织经过组织解离器处理，获得单细胞悬液。接下来，使用微流控技术进行3D打印，生成的类器官被种植到

96孔板或微流控芯片中。药物筛选过程中，药物可以通过药物打印机自动施加或通过微流控系统输送。最后，通过高通量成像系统采集图像数据，并使用人工智能（AI）进行数据分析。此流程整合了组织解离、类器官植入、药物筛选、数据采集与分析，为肿瘤研究和药物开发提供了高效的高通量解决方案。

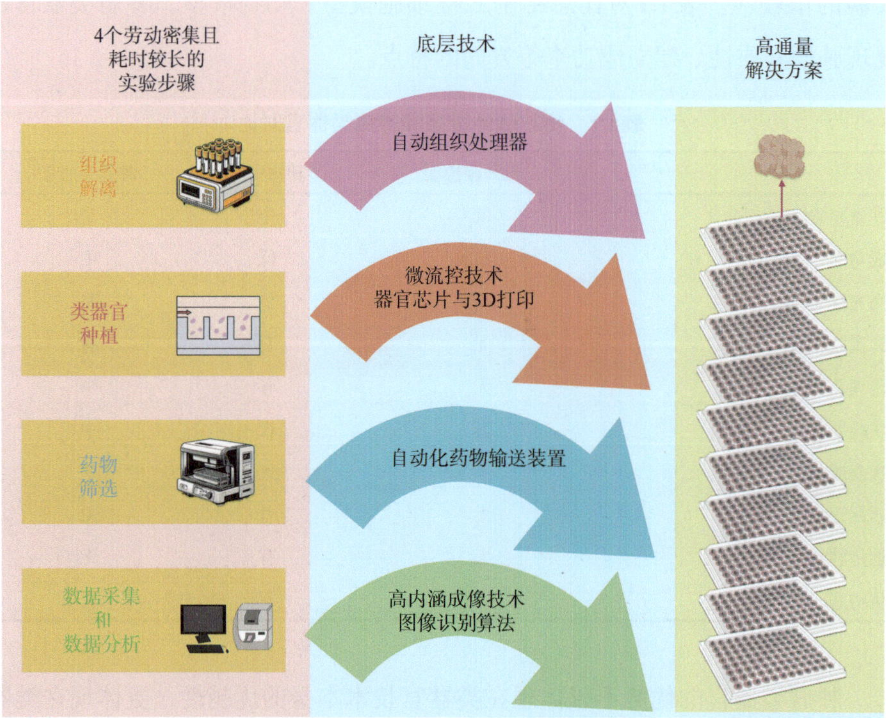

图1.2 肿瘤类器官的高通量筛选过程

1.3 类器官产业链现状

在科技日新月异的当下，所有商业化技术的诞生，追根溯源均是需求的驱动。当前，新药研发领域正深陷重重困境。一方面，新药研发的难度呈指数级攀升。随着对疾病机制研究的不断深入，所面临的未知因素愈加复杂，找寻攻克疾病的靶点犹如大海捞针。另一方面，新药研发的标准也日益严苛，从药物安全性评估到疗效验证，各个环节的门槛大幅提高。与此同时，新药研发的投资回报率却持续走低，投入大量资金后，难以获得预期的收益。相关数据显示，过去十年间，新药研发的成本增加了数倍，而成功上市的新药数量却增长缓慢，这使得制药行业在发展的道路上举步维艰，迫切需要寻找到打破这一困境的有效办法。

肿瘤类器官的出现，宛如一双强有力的大手，在困境的壁垒上打开了一扇希望之门。随着精准医疗的观念逐渐深入人心，一个精准医疗的大时代正缓缓拉开帷幕。传统的体外肿瘤模型与真实肿瘤的生理特性存在较大差距，无法精准模拟肿瘤在体内的复杂微环境，已难以满足精准医疗时代对疾病研究和治疗的高要求。而肿瘤类器官能够高度模拟肿瘤的组织结构、细胞组成及生物学行为，为精准医疗创造了新的机遇[18]。例如，通过对患者肿瘤组织培养出的类器官进行药物敏感性测试，可以为患者量身定制个性化的治疗方案，提高治疗效果。

此外，时代的发展也带来了人们观念的转变。如今，人们对于动物的保护力度逐渐加强，许多国家和地区纷纷加大对动物实验的限制。在这样的大背景下，类器官技术得以蓬勃发展。类器官技术作为一种极具潜力的工具，在基础及临床研究中展现出了广阔的应用前景。在肿瘤疾病建模方面，类器官技术能够更真实地再现肿瘤的发生发展过程；在精准医疗中，助力实现个性化治疗；在药物研发领域，可用于药物筛选和药效评估，大大缩短研发周期、降低研发成本；其在生物材料的相关研究中也发挥着重要作用。类器官技术并非仅仅局限于实验室的狭小空间，而是迅速融入生物工程、医学生物技术及制药等诸多领域，并对这些领域产生着革命性的影响。接下来，将对类器官产业链发展背景进行简要介绍，如图1.3所示，其主要涵盖新药研发、精准医疗和国际去动物化这3个关键部分。

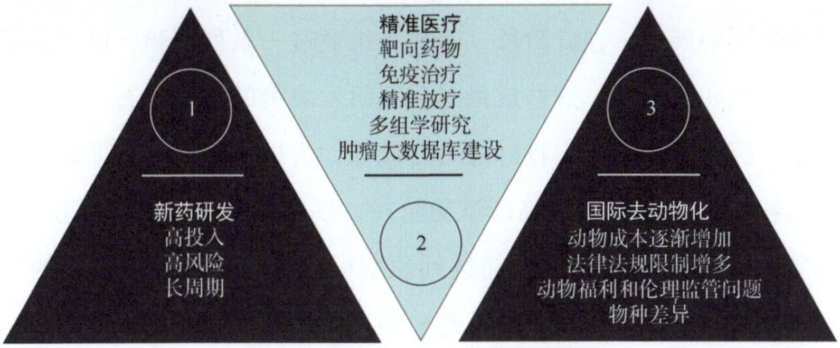

图1.3 类器官产业链的发展背景

1.3.1 破解新药研发困境

当前新药研发所面临的困境，可大致归结为高投入、高风险、长周期这三大关键要点。从高投入角度来看，新药研发宛如一场漫长且昂贵的征程，资金需求贯穿药物发现、药物设计、临床前研究直至临床试验等各个阶段。仅药物发现阶段，就需投入大量资金用于筛选海量化合物，期望从中找到具有潜在药用价值的分子。进入药物设计环节，要运用先进技术对分子结构进行优化，同样耗费不菲。行业数据显示，研发一种新药的成本通常在数亿到数十亿美元之间。例如，研发一款治疗心血管疾病的新药，前期投入可能高达 10亿美元。新药研发过程中还存在着高风险。从研发落地到产品推广，每一步都充满巨大的不确定性。大量新药候选化合物在临床试验阶段折戟，数据显示，高达 90%的候选药物最终未能获得批准上市。这意味着，多数投入研发的药物在中途便宣告失败。随着巨额资本持续投入，风险呈指数级增长。一旦药物在实验过程中被否定，对制药企业尤其是中小型制药企业而言，这种打击往往是毁灭性的。它们可能因资金链断裂，难以维持后续研发，甚至面临破产危机。而且新药研发周期漫长，从最初构想到最终上市，往往需要十几年甚至更久，这期间的人力、物力、财力持续消耗，进一步加剧了企业的负担。

此外，新药研发之路漫长而艰辛，涵盖了药物发现、临床前研究、临床试验等多个关键阶段。药物发现阶段致力于从海量的化合物库中探寻具有治疗潜力的分子，耗时可能长达数年。紧接其后的临床前研究，主要在实验室和动物模型中展开。在此阶段，研究人员通过一系列实验，试图揭示药物的潜在安全性和有效性，这些成果是后续研发决策的重要基石。例如，在动物实验中，药物可能展现出良好的治疗效果，为进入临床试验增添信心。然而，当药物候选化合物进入临床试验阶段，现实却常给研发人员沉重一击。大量药物的安全性和有效性未能达到预期标准。究其根源，传统的生物模型，如广泛使用的小鼠、大鼠等动物模型，虽在临床前研究中发挥了一定作用，但存在诸多局限性。它们与人体在生理结构上存在显著差异，如小鼠的心脏结构和跳动频率与人类大相径庭；在代谢通路方面，人体对药物的代谢方式更为复杂，而小鼠的代谢模式相对简单；在免疫反应方面，人体免疫系统的多样性和复杂性远超小鼠。这些差异使得依据药物在动物模型中的表现无法精准预测其在人体中的效果，进而导致许多药物在临床试验中失败或效果不尽如人意。这一现状犹如高悬在研发人员头顶的达摩克利斯之剑，迫使他们急切寻求新的模型，以替代难以满足需求的传统体外肿瘤模型，为新药研发开辟新的路径。

在新药研发面临重重困境之际，能够高度模拟和再现人体生理环境及复杂反应的肿瘤类器官应运而生，其宛如一道曙光，成为打破新药研发僵局的有力工具。当前，新药研发的焦点很大程度上集中在肿瘤领域。与其他药物相比，一款成功的抗肿瘤药物所蕴含的经济价值巨大。从 2023 年各大药企公布的财报数据中，可以清晰洞察这一趋势。抗肿瘤药物在市场中占据着显著份额，达到了 28%，成为市场规模最大的药物类别。其中，默沙东的 Keytruda（帕博利珠单抗）表现尤为突出，凭借 250.11 亿美元的销售额荣膺“药王”称号，其商业成功彰显出抗肿瘤药物远超其他类型药物的经济收益潜力。这一诱人的经济回报，促使众多药企不断加大在抗肿瘤药物研发上的投入。在此背景下，肿瘤类器官的快速发展为药企带来了福音。它不仅能帮助药企降低研发成本，还能显著加快药物研发进程。作为强大的药物筛选模型，肿瘤类器官具有独特优势，其中高通量培养技术便是一大亮点。目前，科研人员已成功构建了结直肠癌、胃癌、肺癌、乳腺癌、胰腺癌、膀胱癌、卵巢癌、前列腺癌等多种癌种的肿瘤类器官生物库[19]。这一成果意义非凡，表明肿瘤类器官的应用范围极为广泛。借助肿瘤类器官生物库，药企可对抗肿瘤药物的多项关键指标展开评估，包括：评估药物活性，判断药物是否能有效作用于肿瘤细胞，抑制其生长；检测药物敏感性，明确不同肿瘤类器官对各类药物的敏感程度，从而为个性化治疗提供依据；分析药物毒性，提前知晓药物可能对正常细胞产生的不良影响。此外，肿瘤类器官生物库还可助力药物作用靶点的发现，深入了解药物在肿瘤细胞内的作用机制。更为重要的是，将肿瘤类器官生物库与化合物库相结合，有助于药企开展大规模的药物筛选工作，在海量的化合物中快速发掘出具有研究潜力的新药物，大大缩短药物筛选的周期。并且，利用源自不同患者的类器官，还能对新药物的各项指标进行后续验证，确保药物在实际临床应用中的有效性和安全性。肿瘤类器官正凭借自身独特优势，为肿瘤药物研发注入新的活力，引领新药研发迈向新的高度，有望改变肿瘤治疗的格局，为众多患者带来希望。

与传统的体外肿瘤模型相比，类器官在降低药物研发成本上优势显著。在往昔的药物研发进程中，动物实验在新药临床前阶段至关重要，在生物医学研究中占据着关键地位。但近年来，动物实验成本呈直线上升态势。以新冠疫情期间为例，实验猴价格疯涨，2019 年一只仅 1.5 万元，到 2021 年便飙升至 18 万元一只，至 2022 年底，更是涨到令人震惊的 20 万元一只。这不仅体现在实验动物采购成本上，饲养、管理、实验操作等环节的费用也随之大幅增加。高额成本给药企带来沉重负担，极大压缩了研发利润空间。在此情形下，类器官的出现犹如及时雨。它无须大量昂贵的实验动物，就能模拟人体生理环境进行药物测试。越来越多的药企敏锐察觉到这一优势，纷纷将目光聚焦到类器官的开发与应用上，期望借此缓解成本压力，提升研发效益。

1.3.2　精准医药需求

精准医疗时代的降临，标志着医疗与药物研发正坚定不移地朝着更加个体化、精准化的方向大步迈进。传统的化学药物在治疗肿瘤时，虽能够在一定程度上抑制肿瘤生长，但其广泛的毒副作用同时对正常细胞造成了极大损害。患者在治疗过程中，往往要承受骨髓抑制、肝肾功能损害、消化道反应等一系列不良反应，生活质量严重下降。靶向治疗通过精准定位，特异性地作用于肿瘤细胞的特定分子靶点，如同精确制导的导弹，直击肿瘤细胞的要害，极大地减少了对正常细胞的伤害。免疫检查点抑制剂通过靶向调控免疫系统中的关键分子，解除肿瘤细胞对免疫细胞的抑制“枷锁”，重新激活 T 细胞等免疫细胞对肿瘤的识别与攻击能力，在恢复机体抗肿瘤免疫应答的同时，减少了对正常组织免疫反应的过度激活。靶向治疗药物以肿瘤细胞特有的分子或基因异常为“靶点”，通过高特异性药物与靶点结合，干扰肿瘤细胞的生长、增殖或存活信号通路，在精准抑制肿瘤发展的同时，最大限度地减少了对正常细胞的损伤。抗体药物偶联物（ADC）巧妙地将抗体与细胞毒性药物相结合，实现了对肿瘤细胞的精准打击，在有效杀死肿瘤细胞的同时，降低了对正常组织的毒性。小核酸药物通过调控基因表达，从根源上对肿瘤细胞的生长和增殖进行干预。这些治疗方案不仅显著提高了肿瘤治疗的有效性，更极大地提升了患者的生存率和生活质量，让患者在对抗病魔的过程中重燃希望[20]。细胞治疗领域同样成绩斐然，嵌合抗原受体T细胞（CAR-T细胞）疗法便是其中的佼佼者。它通过采集患者自身的免疫细胞，在体外进行基因工程改造，使其能够精准识别并攻击肿瘤细胞，然后将这些经过重新编程的免疫细胞回输到患者体内。在某些白血病和淋巴瘤的治疗中，CAR-T 细胞疗法取得了令人瞩目的成果，许多患者在接受治疗后病情得到了有效缓解，甚至实现了长期生存[21]。这些新型治疗方案能够精准地作用于肿瘤微环境中的关键靶点，提高治疗效果的同时，最大限度地减少副作用。

上述治疗方案的成功实践，无疑宣告了精准医疗时代的正式来临。在临床实践中，个性化医疗已成为基本准则，不同患者因个体差异，需要接受不同药物、不同剂量的治疗。然而，尽管医生们竭尽全力为患者量身定制治疗方案，但由于个体之间存在的差异，这些治疗方案有时仍难以充分发挥最大效果。这种现状犹如一记警钟，重重地敲击在基础研究工作者的心头，提醒他们建立一个可靠的多细胞共同培养模型迫在眉睫。在肿瘤研究领域，体内肿瘤实际上是一个极为复杂的多细胞系统。传统的单一细胞模型，如二维细胞模型，因过于简单，无法真实全面地模拟肿瘤的真实情况。在二维细胞模型中，细胞生长在平面环境中，缺乏与体内相似的三维结构和细胞间相互作用，这使得其对肿瘤细胞行为和药物反应的预测存在极大偏差。而类器官模型则在克服传统模型局限性的基础上，逐渐崭露头角，成为精准预测患者药物敏感性的有力武器[22]。肿瘤类器官堪称体内肿瘤的完美克隆体，它不仅能够很好地保留肿瘤异质性，还具备遗传稳定性。更为重要的是，肿瘤类器官还保留了肿瘤微环境中的其他细胞，如成纤维细胞、免疫细胞等。这一独特优势使得研究人员得以深入研究肿瘤微环境与肿瘤之间千丝万缕的关系，从而更加深入、全面地了解肿瘤的真实情况。例如，通过肿瘤类器官模型，研究人员可以观察到肿瘤细胞与周围免疫细胞之间的相互作用，揭示肿瘤细胞如何逃避免疫监视的机制，为开发更有效的免疫治疗方案提供重要依据。精准医疗的核心之一在于根据患者的个体特征和生物标志物来精心选择最佳治疗方案。借助基因组学技术，医生可以对患者的肿瘤基因进行全面测序和分析，找出与肿瘤发生、发展密切相关的基因突变，从而为精准用药提供精准指导；影像学技术则能够帮助医生实时观察肿瘤的形态、大小和位置变化，评估治疗效果。通过综合运用这些先进技术，医生能够为患者提供更精确的预后评估和治疗反应预测，进而为患者量身定制独一无二的治疗方案，实现治疗方案的最优化，提高治疗成功率。精准医疗时代的到来，不仅对创新的治疗方案和药物研发策略提出了更高要求，而且迫切需要更为精准和复杂的模型来模拟和评估治疗效果。类器官模型凭借其独特的优势，无疑成为实现这一目标的关键所在。它将为精准医疗的临床转化提供强大助力，推动医疗行业不断向前发展，最终实现帮助患者战胜病魔、提升患者生活质量的美好愿景。

1.3.3 国际去动物化推动了类器官产业的繁荣发展

在全球范围内，国际社会对动物保护的关注度与日俱增，这股热潮正有力推动着去动物化趋势在多个领域的蓬勃发展，其中化妆品行业和药物研发领域尤为显著。欧盟在这一进程中扮演了先驱者的角色。自 2013 年起，欧盟毅然决然地全面禁止在化妆品领域进行动物测试，同时严禁销售任何经过动物测试的化妆品。这一严格法规的出台，犹如一记重锤，彻底改变了化妆品行业的传统模式。为了顺应法规要求，化妆品企业纷纷将目光投向替代方法，体外测试、细胞培养及计算机模拟等先进技术应运而生，并逐渐成为评估产品安全性和效果的重要手段。例如，体外皮肤模型能够模拟人体皮肤的生理特性，用于测试化妆品对皮肤的刺激性，其结果与动物实验结果具有高度相关性，且极大地减少了对动物的伤害。在药物研发领域，欧洲秉持 3R（减少、替代、优化）原则。通过立法和政策引导，欧洲积极鼓励科研人员和企业采用替代方法。一些欧洲国家更是走在前列，率先实施禁止利用动物进行实验的措施。以英国为例，政府大力推动对替代方法的投资和开发，科研机构和企业纷纷响应，投入大量资金用于研发基于类器官、微流控芯片等技术的替代模型，这些模型在药物筛选、毒性测试等方面展现出了巨大的潜力。其他国家和地区也纷纷跟进。挪威、新西兰、以色列等国家，凭借其较高的动物保护法律标准，先后在法律层面禁止了化妆品动物测试。挪威政府不仅禁止相关测试，还积极推动国内科研机构与企业合作，研发替代方法，促进了本土生物科技产业的发展。这些国家致力于将先进的替代方法广泛应用于实际生产中，为全球动物保护事业树立了榜样。中国在去动物化方面也在稳步推进改革。曾经，化妆品进入中国市场前需进行强制性动物测试，但自 2014 年起，中国开始逐步放宽对进口化妆品的动物测试要求，积极鼓励企业采用替代方法评估产品的安全性。如今，越来越多的中国化妆品企业加大了在替代技术研发上的投入，一些国内科研机构在类器官培养技术等替代方法的研究上取得了显著进展，为国内化妆品行业的绿色发展提供了技术支撑。去动物化已成为不可阻挡的全球趋势，这一转变是伦理观念进步、科学技术革新及公众舆论推动共同作用的结果。各国政府和国际组织积极倡导采用更先进的体外和体内替代模型，以减少对动物的依赖。然而，替代方法在推广过程中仍面临诸多挑战。从技术成熟度来看，部分替代模型的稳定性和准确性还有待提高；在法律法规落实方面，一些地区存在执行力度不足的问题；国际标准的统一也存在重重困难，不同国家和地区的标准差异导致产品在全球流通时面临阻碍。为了克服这些挑战，全球各国需在政策制定和法律法规执行上加强合作。一方面，加大科研投资力度，鼓励科研人员深入研究替代方法，提高技术的成熟度和可靠性；另一方面，注重培养具备替代方法技能的专业人才，为产业发展提供智力支持。此外，积极推动全球替代方法的标准化进程，确保不同地区的研究和应用能够接轨。全球去动物化趋势彰显了人类对动物权益的尊重，不仅是动物保护事业的重大进步，更是科学和技术不断发展的生动体现，为构建更为人道、可持续的科研和产业发展模式奠定了坚实基础。

尽管从长远视角审视，肿瘤类器官或许难以彻底取代动物实验，但这无疑是一个循序渐进的发展进程，且类器官技术具备大规模抢占动物实验市场份额的巨大潜力[23]。从动物福利与伦理监管层面考量，未来势必需要更多创新性实验方案来替代动物实验。动物在实验中的遭遇引发了广泛的伦理争议，社会对动物权益的关注日益提升，促使科研领域寻求更人道的实验途径。此外，实验成本与效率问题，同样是推动去动物化的关键因素。面对如此状况，药企为降低成本，纷纷将目光投向动物替代方案，期望能获取更经济实惠的实验模型，这为类器官技术的发展提供了契机。再者，无论何种动物，与人类之间始终存在着不可忽视的种属差异。动物的生理结构、代谢系统等各方面都和人类大相径庭。以药物代谢为例，某些药物在动物体内代谢迅速，能较快排出体外，可在人体内却代谢缓慢，容易在体内蓄积，产生截然不同的药物反应。这一差异使得动物实验结果难以精准预测药物在人体中的效果。与之形成鲜明对比的是，现阶段构建的肿瘤类器官具有显著优势。它与来自患者的细胞类型、组织结构、生理功能等高度相似。研究人员能够通过肿瘤类器官，直观地观察肿瘤细胞的生长、侵袭等行为，还能测试药物对肿瘤类器官的作用效果，为药物研发提供更贴合人体实际的参考依据。这种高度相似性，是类器官在短时间内得以迅猛发展的主要动力之一，也让类器官在替代动物实验的道路上不断迈进。

1.3.4 类器官与器官芯片行业全球发展现状分析

类器官产业链是一个多层次、多环节的复杂生态系统，涵盖了从基础技术研发到实际应用的各个领域。如图1.4所示，类器官产业整体可分为上、中、下游三部分。

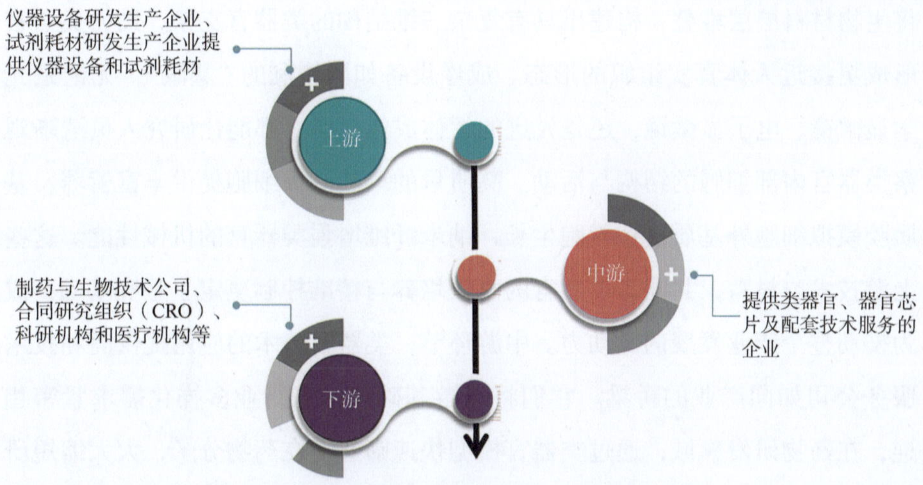

图1.4　类器官产业上、中、下游链条

在上游，类器官技术依赖于先进的仪器设备和试剂耗材，这些包括自动化细胞培养系统、微流控芯片、3D打印技术、成像设备及高质量的培养基、基质胶和纳米纤维等。它们为类器官的高效培养与精准控制提供了技术支持，是推动整个产业发展的基础。中游环节则主要由类器官技术的应用提供商和技术服务公司组成，这些企业将基础技术与行业需求相结合，进行药物研发、毒理学筛选、疾病机制研究等，同时也开发了针对特定疾病的定制类器官模型。随着精准医疗和个性化治疗的需求日益增长，类器官技术在药物筛选、疾病模型创建、临床前研究等方面的应用变得愈加广泛。下游的应用领域主要集中在制药与生物技术公司、合同研究组织（CRO）、科研机构和医疗机构等，它们利用类器官技术进行药物开发、疾病研究、毒理学测试等。

上游环节主要涉及一系列先进的仪器设备与试剂耗材。自动化细胞培养系统，犹如不知疲倦的智能管家，能够精准调控细胞生长环境的温度、湿度、气体浓度等参数，让细胞在最适宜的条件下生长，极大提高了类器官培养的效率与稳定性。微流控芯片像微观世界的精密管道网络，通过精确控制微小通道内液体的流动，模拟人体生理微环境，为类器官的发育提供独特且精准的条件。3D 打印技术更是如同神奇的“造物之手”，能依据预设的模型，将生物材料层层堆叠，构建出具有复杂三维结构的类器官支架，助力类器官形成更接近人体真实组织的形态。成像设备如同锐利的“慧眼”，无论是光学显微镜、电子显微镜，还是先进的活体成像设备，都能让研究人员清晰观察类器官内部细胞的结构与活动。高质量的培养基为细胞提供丰富营养，基质胶模拟细胞外基质支持细胞生长，纳米纤维增强类器官的机械性能。这些上游技术与材料，共同为类器官的高效培养与精准控制奠定了坚实基础，成为推动整个产业发展的源动力。中游环节，类器官技术的应用提供商和技术服务公司如同产业的桥梁。它们将上游基础技术与行业多样化需求紧密相连，在药物研发领域，通过类器官模型快速筛选潜在药物分子，大大缩短研发周期；在毒理学筛选中，准确评估药物毒性，避免有害药物进入临床试验阶段。针对不同疾病，研究者开发定制类器官模型，如为罕见病研究构建特殊类器官，助力深入探索疾病机制。随着精准医疗和个性化治疗需求的爆发式增长，类器官技术在药物筛选、疾病模型创建、临床前研究等方面的应用愈加广泛。比如，在肿瘤药物筛选中，利用患者来源的肿瘤类器官检测药物敏感性，为患者精准匹配治疗药物。下游的应用领域则呈现出百花齐放的态势。制药与生物技术公司借助类器官技术加速新药研发，提高研发成功率；CRO 利用其专业服务能力，为客户提供高质量的类器官相关实验服务；科研机构通过类器官深入研究疾病奥秘，探索全新治疗靶点；医疗机构运用类器官技术辅助临床诊断与治疗方案制定。各应用主体在类器官技术的赋能下，不断推动医学与生物技术的进步，为人类健康事业注入新活力。

目前，类器官与器官芯片行业尚处于发展的早期阶段。虽然其具有巨大的市场潜力，未来有望在医疗、科研等多领域掀起变革浪潮，但当下技术层面仍存在诸多短板。例如，在类器官培养过程中，细胞分化的精准调控难题仍未攻克，导致类器官的质量和稳定性参差不齐。在器官芯片方面，微流控芯片内细胞与微环境的长期稳定模拟也存在挑战，这些都限制了技术的成熟度。与此同时，行业应用场景正处于摸索与拓展进程中。在药物研发领域，虽已开始尝试利用类器官与器官芯片进行药物筛选，但受技术局限，尚未能完全取代传统动物实验，中下游需求因此未能大规模释放。为突破困境，确保实验的高效性与精准性，众多企业纷纷将目光投向了上游技术研发。自动化设备的研发致力于减少人工操作误差，提升实验的标准化程度，如自动化细胞接种设备，能精准地将细胞接种到培养板中。高通量操作仪器可大幅提高实验通量，如高通量类器官培养系统，一次能同时培养多个类器官样本。成像设备朝着更高分辨率、更清晰成像的方向发展，助力研究人员深入解析类器官与器官芯片内部微观结构。此外，在AI快速发展的背景下，基于类器官形态学的AI学习进而构建对其生长、坏死进行判断的模型算法正在成为前沿热点。结合该技术开发的类器官全自动培养仪器可以根据每一例类器官的生长情况决定传代的时间点，并判读其对药物的敏感性。在试剂耗材方面，企业不断研发更适配的培养基、基质材料等。随着行业逐步发展，这些上游产品的需求必将快速增长。许多企业已抢先布局上游领域，全力投入相关仪器设备与试剂耗材的研发和生产。这些企业通过提供自动化和高通量平台，有效化解了实验室在开展类器官与器官芯片研究时遭遇的效率低下和技术瓶颈问题，为行业的进一步发展筑牢根基。

随着类器官与器官芯片技术逐步成熟，尤其是在精准医疗、个性化治疗及新药研发等领域的应用需求日益增长，其对中下游产品的需求也将持续扩大。这不仅会加速研究和产品化的进程，也将促使上游企业的技术和产品得到更多的市场认可。尤其是自动化设备、试剂耗材、成像分析系统等细分领域，将迎来更加旺盛的市场需求。类器官与器官芯片技术在药物筛选、毒性评估、疾病建模、个性化医疗等领域的应用将逐渐成熟，并进一步推动产业链上下游的协同发展。随着政府政策的逐步出台，以及行业标准的完善，市场环境将更加规范化，企业的竞争将向技术创新与产品质量深度聚焦。首先，政府相关政策的支持将有助于技术的进一步突破和产业化进程的加速。例如，相关部门可能会出台针对类器官与器官芯片技术的专项资金支持、税收优惠等政策，以鼓励企业进行技术研发与应用推广。同时，随着行业标准的逐步完善，行业内将会涌现更多的专业上游设备制造商和试剂供应商，这些公司能够提供更加精准、稳定的技术支持和解决方案，从而满足市场日益增长的需求。对于已经在上游领域有所布局的企业而言，它们将凭借先发优势占据市场高地，尤其在自动化平台、试剂耗材、成像技术、AI图像识别及结果判读等关键环节的研发中，能够通过技术积累和产品创新形成强大的竞争壁垒。随着更多专业化企业的崛起和行业需求的进一步释放，整个类器官与器官芯片行业将进入一个快速发展、技术更迭迅速的阶段，推动生物医药领域的变革。

未来，随着技术的不断进步和市场需求的扩大，类器官产业链将迎来巨大的发展机遇，尤其是在上游技术创新、产业标准化及跨行业合作方面，形成行业竞争的关键因素。同时，类器官技术在推动新药研发和精准医疗方面的潜力，也为整个生物医药行业带来了新的动力和可能性。

1.4 小结

肿瘤类器官技术通过模拟真实肿瘤的结构和功能，为药物研发和疾病治疗提供了新的方向。三维细胞培养技术通过模拟体内细胞的三维环境，提供了更接近真实生理条件的研究平台。这种技术不仅能够更好地保留细胞的生物学特性和功能，还能够更准确地预测药物的毒性和效果，是未来药物筛选和个性化医疗的重要工具。精准医疗借助基因组学、生物信息学和大数据技术，致力于实现个性化的医疗方案。从癌症治疗到遗传疾病的诊断，精准医疗将患者的个体特征纳入考量，提供定制化的治疗方案，显著提高了治疗效果和生活质量。全球范围内，越来越多的国家和地区开始推动动物实验的替代。这种趋势不仅受到动物保护法规的驱动，还得益于先进的体外和体内替代技术的发展。然而，替代方法仍面临技术成熟度不足、法规执行不力和国际标准不统一等挑战，需要全球合作推动。生物医学工程正处于快速发展的时期，类器官、器官芯片、三维细胞培养和精准医疗等前沿技术正在改变药物研发和医疗诊疗的格局。未来，随着技术的进步和全球合作的加强，这些技术将更加成熟和普及，为人类健康带来更多的机遇和希望。然而，要实现这些技术的广泛应用，仍须克服诸多技术、伦理和政策上的挑战，促进全球医学科研的可持续发展和动物福利的保护。

参考文献

[1] Li ML，Aggeler J，Farson DA，et al. Influence of a reconstituted basement membrane and its components on casein gene expression and secretion in mouse mammary epithelial cells. Proc Natl Acad Sci U S A，1987，84（1）：136-140.

[2] Sato T，Vries RG，Snippert HJ，et al. Single Lgr5 stem cells build crypt-villus structures *in vitro* without a mesenchymal niche. Nature，2009，459（7244）：262-265.

[3] Sato T，Stange DE，Ferrante M，et al. Long-term expansion of epithelial organoids from human colon，adenoma，adenocarcinoma，and Barrett' s epithelium. Gastroenterology，2011，141（5）：1762-1772.

[4] Wang Y，Jeon H. 3D cell cultures toward quantitative high-throughput drug screening. Trends Pharmacol Sci，2022，43（7）：569-581.

[5] Xu H，Jiao D，Liu A，et al. Tumor organoids：applications in cancer modeling and potentials in precision medicine. J Hematol Oncol，2022，15（1）：58.

[6] Veninga V，Voest EE. Tumor organoids：opportunities and challenges to guide precision medicine. Cancer Cell，39（9）：1190-1201.

[7] Sachs N，de Ligt J，Kopper O，et al. A living biobank of breast cancer organoids captures disease heterogeneity. Cell，2018，172（1-2）：373-386.

[8] Boj SF，Hwang CI，Baker LA，et al. Organoid models of human and mouse ductal pancreatic cancer. Cell，2015，160（1-2）：324-338.

[9] Lee SH，Hu W，Matulay JT，et al. Tumor evolution and drug response in patient-derived organoid models of bladder cancer. Cell，2018，173（2）：515-528.e17.

[10] Shukla P，Yeleswarapu S，Heinrich MA，et al. Mimicking tumor microenvironment by 3D bioprinting：3D cancer modeling. Biofabrication，2022，14（3）.

[11] Dekkers JF，van Vliet EJ，Sachs N，et al. Long-term culture，genetic manipulation and xenotransplantation of human normal and breast cancer organoids. Nat Protoc，2021，16（4）：1936-1965.

[12] Chrisnandy A，Blondel D，Rezakhani S，et al. Synthetic dynamic hydrogels promote degradation-independent *in vitro* organogenesis. Nat Mater，2022，21（4）：479-487.

[13] Wang HM，Zhang CY，Peng KC，et al. Using patient-derived organoids to predict locally advanced or metastatic lung cancer tumor response：a real-world study. Cell Rep Med，2023，4（2）：100911.

[14] Song H，Weinstein HNW，Allegakoen P，et al. Single-cell analysis of human primary prostate cancer reveals the heterogeneity of tumor-associated epithelial cell states. Nat Commun，2022，13（1）：141.

[15] Wang J，Feng X，Li Z，et al. Patient-derived organoids as a model for tumor research. Prog Mol Biol Transl Sci，2022，189（1）：259-326.

[16] Xiao Y，Yu D. Tumor microenvironment as a therapeutic target in cancer. Pharmacol Ther，2021，221：107753.

[17] Zuo J，Fang Y，Wang R，et al. High-throughput solutions in tumor organoids：from culture to drug screening. Stem Cells，2024，43（1）：sxae070.

[18] Sisodiya SM. Precision medicine and therapies of the future. Epilepsia，2021，62（Suppl 2）：S90-S105.

[19] Xie X，Li X，Song W. Tumor organoid biobank-new platform for medical research. Sci Rep，2023，13（1）：1819.

[20] Kwok G，Yau TC，Chiu JW，et al. Pembrolizumab（Keytruda）. Hum Vaccin Immunother，2016，12（11）：2777-2789.

[21] Zhang X，Zhu L，Zhang H，et al. CAR-T cell therapy in hematological malignancies：current opportunities and challenges. Front Immunol，2022，13：927153.

[22] Wu H，Wang W，Zhang Y，et al. Establishment of patient-derived organoids for guiding personalized therapies in breast cancer patients. Int J Cancer，2024，155（2）：324-338.

[23] Kim J，Koo BK，Knoblich JA. Human organoids：model systems for human biology and medicine. Nat Rev Mol Cell Biol，2020，21（10）：571-584.

第2章　肿瘤类器官建库经验

细胞库是生物医学研究的基础设施之一，它为科学研究、药物开发和临床应用提供了重要资源[1]。在全球范围内，许多国家和地区建立了规模庞大且具有重要影响力的细胞库[2]。这些细胞库不仅涵盖了多种类型的细胞系，还在维护和管理方面遵循严格的标准，确保细胞资源的高质量和可重复性[3]。美国生物标准品典藏中心（American Type Culture Collection，ATCC）细胞库存储并提供超过4000种不同的细胞系，包括人类和动物细胞系、原代细胞、干细胞和癌细胞系等。这些细胞系被广泛应用于基础研究、药物筛选和生物制品的开发[4, 5]。ATCC在全球科学研究中具有重要影响力，其细胞系的标准化和高质量保证了实验结果的可重复性和可靠性。德国微生物和细胞培养物保藏中心（Deutsche Sammlung von Mikroorganismen und Zellkulturen，DSMZ）作为欧洲最大的生物资源中心之一，存储了超过700种人类和动物细胞系，严格遵循质量控制标准，确保细胞系的纯度和稳定性[6]。DSMZ致力于提供高质量的细胞系，并积极参与国际合作和标准化工作，推动细胞库的规范化发展。近年来，中国也建立了多个规模较大的细胞库，中国科学院细胞资源中心（CCTCC）是中国规模最大的细胞库之一，保存了超过2000种细胞系，包括人类和动物细胞系、干细胞和癌细胞系等，在细胞资源的保存、管理和分发方面具备先进的技术和设施，支持了国内外大量的科研项目和药物开发。上海细胞库是中国另一重要的细胞库，致力于建立高质量的细胞系资源库，其不仅保存了大量的细胞系，还积极参与细胞系的标准化和质量控制，确保为国内外研究人员提供可靠的细胞资源。建立和维护高质量的细胞库，不仅有助于科学研究的可重复性和可靠性，还对推动新药开发、个性化医疗和再生医学等领域的发展起到重要作用[7]。

同样，若想将肿瘤类器官技术大规模应用于癌症研究、药物筛选和个性化治疗，构建多样且稳定的肿瘤类器官库也是重中之重[8]。肿瘤类器官库的建立具有十分重要的现实意义和研究价值。首先，类器官保留了原始肿瘤的组织结构和基因特征，可以更准确地反映肿瘤的生物学特性和对药物的反应[9]，标准化的肿瘤类器官库能够为癌症基础研究提供更加可靠的模型，确保实验结果的可重复性和一致性[10]。其次，肿瘤类器官能够作为药物研发阶段药物有效性和安全性测试的模型，提高药物筛选的效率和成功率[11]，肿瘤类器官库也为新药研发提供了重要平台[12]。最后，类器官库的建立还能够促进个性化医疗的发展，通过从患者肿瘤中培养类器官并进行药物敏感性实验，研究人员可以有效预测个体患者对药物的临床反应，为临床治疗提供个性化治疗方案[13]。

要确保肿瘤类器官库的科学性、实用性和可重复性，库内样本资源的丰富性就显得尤为重要[1]。首先，不同类型的癌症具有不同的生物学特性和治疗反应，因此一个完善的肿瘤类器官库应涵盖多种类型的癌症，包括肺癌、乳腺癌、结直肠癌、前列腺癌、胰腺癌和肝癌等。这将确保该类器官库能够广泛应用于各种癌症研究[2]。其次，为了更好地理解癌症的发生和发展机制，肿瘤类器官库不仅应包含肿瘤组织，还应收集癌旁正常组织样本进行对照研究[3]。这对于理解癌症的发生发展机制和寻找潜在治疗靶点具有重要意义[4]。同时，血液样本中的循环肿瘤细胞（circulating tumor cell，CTC）和循环肿瘤DNA（circulating tumor DNA，ctDNA）提供了重要的分子信息，有助于监测肿瘤动态进展和患者对治疗的反应，因而也应包含在肿瘤类器官库中[5]。最后，同一肿瘤的不同亚型在分子水平和治疗反应上可能存在显著差异，如乳腺癌可以分为HER2阳性、三阴性和激素受体阳性等不同亚型，每种亚型的治疗策略和预后都不同[6]。因此，类器官库内应包含不同亚型的肿瘤样本，以反映肿瘤异质性和患者个体差异，这对于精准医学和个性化治疗的发展至关重要[7]。

类器官样本在正式入库前必须通过严格的冻存和复苏测试，包括评估细胞活力、结构完整性和功能特性等，以确保样本在长期冷冻保存后的活性和生物学特征的稳定性。同时，为了确保肿瘤类器官库的长期可用性和稳定性，所有类器官样本应进行备份保存，这可以通过建立多个存储点和保证单一样本足够的存储数量来实现，以避免由于意外事件（如自然灾害或设备故障）导致样本丢失，从而确保研究的连续性[8]。此外，定期更新和检查备份样本也必不可少，以确保样本的活性和功能在长期保存后不受影响[9]。

除了人源肿瘤类器官，肿瘤类器官库中还应包含鼠源类器官，以提供更加全面多样的癌症模型，满足不同研究需求[10]。鼠类模型可以提供与人类相似的生物学背景，并且更易于进行遗传操控[11]。鼠源类器官可以用于基础研究和药物开发中的前期验证，为人源类器官的研究提供重要补充[12]。严格的质量控制和标准化管理对于高质量的肿瘤类器官库至关重要，需要对入库的每例类器官样本进行严格的鉴定和分析[13]。同时，类器官库应具备高效的信息管理系统，包括样本信息的标准化记录、数据库的建立和维护，以及样本的质量控制和追踪，以确保类器官库的高效运作和研究数据的可靠性[14]。

随着类器官技术的不断发展及研究的不断深入，肿瘤类器官已广泛覆盖多种实体瘤，许多学术和商业团队已经建立各自的肿瘤类器官活库，如何规范类器官活库的建立及对其中的样本进行质量控制需要统一的标准。为了对肿瘤类器官的构建、表征鉴定及药物敏感性检测进行规范，中国抗癌协会肿瘤多学科诊疗专业委员会及相关领域专家先后制定了5部与类器官相关的专家共识，也联合提出了肿瘤类器官库建立的必要条件及肿瘤类器官的标准化培养方案，见表2.1。本章结合已有生物样本库遵循的法律法规、表2.1中的专家共识与团体标准及笔者在建库中的一些经验和见解，从伦理申请流程、样本的采集与筛选、样本的处理与培养、类器官的表征与评价，以及肿瘤类器官样本库的标准化管理方面总结了肿瘤类器官的建库经验，最后以问答的形式梳理了建库中常出现的技术操作问题，以期为推动肿瘤研究、新药开发、临床治疗及相关政策制定等方面提供参考。

表 2.1　类器官相关专家共识与团体标准汇总

发布时间	共识或标准
2022年7月	《类器官药物敏感性检测指导肿瘤精准治疗临床应用专家共识（2022年版）》
2022年6月	《肿瘤类器官诊治平台的质量控制标准中国专家共识（2022年版）》
2024年5月	《中国经内镜消化系统常见恶性肿瘤组织取样及类器官培养专家共识（2024，成都）》
2024年7月	《子宫颈癌类器官规范化建立及临床转化应用探索专家共识（2024年版）》
2024年4月	《难治性肺癌中国专家共识》
2022年2月	《人胃肠上皮组织类器官的构建与保藏操作指南》
2023年2月	《人正常乳腺及乳腺癌类器官制备、冻存、复苏和鉴定操作指南》

2.1　伦理申请流程及相关法规

遵守伦理申请流程及相关法规是肿瘤类器官库建立的重要前提，既是对研究对象和研究人员的保护，也是对科学研究的尊重和支持。只有在合法、合规和符合伦理的基础上进行研究，才能取得可信和有价值的科学成果，同时也是研究结果发表的必备条件。

类器官建库面临的伦理问题与再生医学相似，涉及个人信息和生物样本数据信息等，其伦理原则贯穿整个生物医学研究周期。目前，尚缺乏人源类器官库的相关法律法规和管理办法，因此，所有涉及人源类器官的生命科学和医学研究活动都必须接受伦理委员会的审查，以保障国家生物样本及信息的安全和组织提供者的利益。提供者在充分了解采样时机、样本处理及应用等信息的基础上，理解并签署知情同意书。

肿瘤类器官库建立相关的法律法规，包括《中华人民共和国人类遗传资源管理条例》《涉及人的生物医学研究伦理审查办法》《中华人民共和国生物安全法》《医疗知情同意书参考指南》；国际法规和指南，如《赫尔辛基宣言》和《人体生物医学研究国际伦理指南（CIOMS）》，这些法律法规和指南为生物医学研究提供了伦理规范和指引。基于本书初衷，下面对伦理申请流程为读者进行梳理，仅作为提示参考。

第一步，在进行项目伦理审批前，准备如下材料。

1. 提交审查材料诚信承诺书　形式可参考下方的诚信承诺书，读者可以根据所在机构性质，对其内容进行相应调整。

××医院科研课题伦理审查委员会

提交审查材料诚信承诺书

××医院科研课题伦理审查委员会：

本人 ××× 申报的项目，项目名称：**基于类器官的××研究**

提交的医学伦理审查的送审材料，承诺如下：

一、提供的所有资料均合法、真实、准确和有效，并对所提供资料的真实性负责。

二、高度重视推动医学科学知识的认识以及满足医疗和公众健康需求，并遵守各项法律、法规、规章、具有约束力的规范性文件，杜绝造假、篡改和剽窃。

三、遵循《赫尔辛基宣言》的规定，遵循国际公认的不伤害、有利、公正、尊重受试者的伦理原则。

四、尊重知识产权。

五、自觉接受医院科研课题伦理审查委员会和医院相关业务职能科室以及政府、行业组织、独立的同行、社会公众和新闻舆论的监督。

若发生与上述承诺相违背的事实，由本人承担全部法律责任，并接受相应处理。

项目负责人（签名）：

所在科室负责人（签名）：

××××年××月××日

2. 研究经费来源说明　在进行伦理审查时，研究人员需要提供详细的经费来源说明，内容包括但不限于以下几个方面。

（1）资助机构或资助方信息：说明研究经费的主要来源，包括政府资助、科研基金、企业合作资助、自筹资金等。如果经费来源于政府科研基金，需要具体列明基金名称（如国家自然科学基金、地方专项基金等）、批准编号及项目预算情况。如果经费来源于企业资助，需提供合作企业的基本信息，说明资助目的和资金使用协议，特别是在商业合作研究中，需明确任何可能的利益冲突。如果是多方联合资助，应标明各方的资助比例及各方在研究中的具体职责。

（2）经费分配与用途：提供项目预算的大致分配方案，说明资金在项目各阶段中的使用情况，如样本采集、实验耗材、技术服务、人员费用、数据分析、设备购买及维护等具体预算分配。如果研究需要支付组织捐赠者一定的补偿费用或涉及第三方服务采购，需在经费分配中加以说明。

（3）经费不足的风险预案：如果研究经费来源有不确定性，需说明应对经费不足或中途变更资助的预案。明确团队计划通过哪些渠道或方法来补充经费以确保研究完成。

在此附加一份研究经费来源说明的范例作为补充材料，该说明将有助于伦理委员会快速地了解项目的资金保障情况及其合理性。

研究经费来源说明（范例）

本研究的经费主要来源如下：

国家自然科学基金（项目编号：××-×××××××-××），资助额度为人民币××万元，用于支持样本采集、实验材料及人员经费。

企业资助，由××公司提供合作研究资金人民币××万元，专项用于数据分析和模型验证。资助协议附后，无干预研究设计与结果的附加条件。

自筹资金人民币××万元，主要用于设备维护与补充实验费用。

经费的分配计划已经过团队内部严格审批并符合研究管理规范，具体分配情况见附表××。我们承诺经费使用合法合规，并接受伦理委员会的后续审查与监督。

3. 临床研究方案　临床研究方案的制定需要综合考虑科学目标、研究设计、实验方法、数据收集与分析等多方面内容，确保研究能够科学、公正地进行，并为后续的临床应用提供有力支持。注意在首页注明版本号及版本日期。内容包括研究目的、研究背景、试验依据、研究内容、研究方法、试验程序、试验开始与结束时间、数据安全及监察计划、伦理原则和相关法规的遵从性、统计分析计划、研究成果的发表形式等。

（1）研究目的与背景：明确研究的目的和背景是制定临床研究方案的基础。对于肿瘤类器官的临床研究，通常有以下几个方面的目标。①药物敏感性测试：通过肿瘤类器官模型，评估不同抗肿瘤药物的疗效，为个性化治疗方案的制定提供依据。②治疗反应预测：基于类器官模型进行临床药物反应预测，从而在患者入组前筛选出最合适的治疗药物。③肿瘤异质性分析：分析不同肿瘤来源的类器官反映的基因组特征和治疗反应差异，为肿瘤异质性研究提供平台。④临床数据与类器官模型的关联：通过对照临床数据，验证类器官模型在临床治疗中的可应用性和有效性。

（2）研究设计：临床研究设计需要在科学性和伦理性之间取得平衡，以下是肿瘤类器官研究的常见设计要素。①研究类型：常见的研究设计类型包括前瞻性研究、回顾性研究、队列研究和随机对照试验（RCT）。根据研究目标，可以选择最合适的研究类型。②研究对象：通常为特定类型肿瘤患者。③入选标准及排除标准：根据患者的病理诊断、肿瘤分期、既往治疗情况等进行筛选。④随机分组与对照组设计：若进行药物敏感性研究，可采用随机分组设计，将患者分为试验组（接受特定药物治疗）和对照组（接受常规治疗或应用安慰剂）。这种设计能够有效控制偏倚，保证试验结果的科学性。

（3）研究方法：是整个方案的核心，具体包括肿瘤类器官的培养、药物测试、数据采集与分析等内容。①肿瘤类器官的获取与培养：从患者肿瘤组织中提取原代肿瘤细胞，进行类器官的培养。培养过程中应保持肿瘤组织的特征，确保其具有足够的生物学代表性。②药物筛选与药物敏感性测试：采用不同浓度的药物对类器官进行处理，评估药物对类器官生长的抑制作用。③临床数据对比：将类器官的药物敏感性测试结果与患者实际治疗反应进行对比，分析类器官是否能够预测个体患者的药物反应。

（4）数据管理与统计分析：为了确保研究结果的科学性与可重复性，数据管理与统计分析至关重要。应当在方案中明确数据的收集方法、保存方式及分析方法。①数据收集：确保数据的准确性和完整性。所有临床数据、实验数据、患者信息等须严格保密，并遵循相关伦理要求。②统计分析：根据研究设计和数据类型，选择合适的统计分析方法。例如，可以使用生存分析、卡方检验、t检验、方差分析（ANOVA）等方法进行数据的统计处理。预期结果与临床意义：基于现有研究，预期药物敏感性测试能与临床反应高度相关，类器官模型能够准确反映患者的治疗反应，从而为个性化治疗提供参考。

4. 知情同意书 应易于理解，首先对项目进行扼要说明，其次对受试人群普遍关心的问题进行通俗易懂的介绍，内容包括但不限于：为什么要开展本项研究；多少人将参加本项研究；本项研究持续周期；参与本次临床研究的资格；如果参加研究，将接受哪些治疗；参加研究可能的受益有哪些；参加研究有哪些风险和不适；如果不参加该研究，是否有其他的治疗选择；参加研究是否需要支付有关费用；个人信息保密情况；是否必须参加研究；其他相关咨询等。注意并提供参与者退出研究的权利。

版本号：1.0/版本日期：××××年××月××日

知情同意书

尊敬的受试者

我们邀请您参加“基于××类器官技术的××研究”临床研究。本项研究遵从国家相关法律法规和《赫尔辛基宣言》，符合医疗道德等，并且通过医院伦理委员会审查、批准。

在您决定是否参加这项研究之前，请务必仔细阅读以下内容，它可以帮助您了解该项研究以及为何要进行这项研究，研究的程序和期限，参加研究后可能给您带来的益处、风险和不适。如果您愿意，您也可以和您的亲属、朋友一起讨论。如有任何疑问请向负责该项研究的研究者提问，以确保您充分理解有关的内容。您是否参加本项研究是自愿的，假如您同意参加该临床研究，请您在知情同意书的声明中签字。

1. 为什么要开展本项研究？

本项目是一项针对××医学探索性研究。 本项目利用患者来源的××相关的××样本，在体外进行体内高模拟度的三维培养，形成体外肿瘤微结构组织并进行相关的病理、分子生物学、基因检测以及机制探索研究，主要是进行××研究，对于××具有重要意义。

版本号：1.0/版本日期：××××年××月××日

2. 多少人将参加这项研究？

大约有××位与您类似的其他受试者将在本院参与本次研究。

3. 这项研究会持续多久？

4. 参与本次临床研究的资格

（1）诊断标准：××

（2）入选标准：××

但是，如果您符合以下任何一项，则不能参与研究：××

5. 如果参加研究，我接受哪些治疗？

6. 参加研究可能的受益有哪些？

7. 参加研究有哪些风险和不适？

8. 如果不参加该研究，我是否有其他的治疗选择？

9. 参加研究需要支付有关费用吗？

（1）研究所用的相关检查费用（2）参加研究的补偿（3）发生损伤后的补偿/赔偿

10. 我的个人信息是保密的吗？

研究过程中，我们将收集您的病史信息、实验室和影像学检查结果、随访信息，为保证隐私我们将对您的部分信息进行编码，您的个人标识符（例如姓名、出生日期、地址）将被代码（唯一的患者编号）代替，以便任何人无法确定您的身份。所有数据保存在主要研究者手中，保存地点在××，保存时间不少于3年，后予以销毁。研究期间收集的生物标本，将会保存在××，保存时间不少于3年，后予以销毁。除本次研究外，将来不会再次利用到您的这些信息。

在您和其他受试者的理解和协助下，通过本项研究的结果可能会在医学杂志上发表，但是我们会按照法律的要求对您的研究记录保密，不会透露您的身份。研究受试者的个人信息将受到严格保密，您个人信息不会被泄露。必要时，政府管理部门和医院伦理委员会及其它相关研究人员可以按规定查阅您的资料。

11. 我必须参加研究吗？

参加本项研究是完全自愿的，您可以选择不参加本项研究，或者有权在研究的任何阶段无需任何理由退出，您的任何医疗待遇与权益不会因此而受到影响。一旦您决定参加本项研究，请您签署此知情同意书表明同意。进入研究前，医师或研究人员会为您做筛查以确认是否为合适人选。

如果您选择参加本项研究，我们希望您能够坚持完成全部研究过程。

12. 相关咨询

如果您有与本研究相关的任何问题，请联系您的研究医师：____________________ 联系电话：__________________________

如果您有与自身权益相关的任何问题，或者您想反映参与本研究过程中的不满和忧虑，请联系××伦理审查委员会办公室，联系电话：__________________________

受试者声明：我已经阅读了上述有关本研究的介绍，对参加本研究可能产生的风险和受益充分了解。我自愿参加本研究。

版本号：1.0/版本日期：××××年××月××日

我同意□ 或拒绝□ 除本研究以外的其他研究利用我的医疗记录和病理检查标本。

受试者签名：________________　日期：_____年_____月_____日

受试者身份证号：________________　联系电话：________________

（注：如果受试者无行为能力/限制行为能力，则需法定代理人签名和签署日期）

法定代理人签字：________________　日期：________________

（注：如果受试者不能阅读该知情同意书，则需一名公平见证人证明研究者已将知情同意书的所有内容告知了受试者，公平见证人需签名和签署日期）

公平见证人签字：________________　日期：________________

研究者声明：我确认已向受试者解释了本研究的详细情况，特别是参加本研究可能产生的风险和受益。

研究者签名：________________　日期：_____年_____月_____日

研究者的工作电话：________________　手机：________________

注：知情同意书中"3. 5. 6. 7. 8."内容需根据具体临床研究的类型和研究方案进行个性化填写。例如，应结合该研究的实际情况，对研究持续时间、所使用药物的名称和剂量、治疗方式及随诊安排等予以说明，以确保受试者能够全面了解研究的具体安排、可能的获益与风险，从而做出知情选择。

5. 研究经济利益冲突声明　经济利益冲突（financial conflicts of interest，FCOI）指的是研究人员或其团队成员在参与研究过程时，因个人经济利益或与研究相关的外部经济利益而可能影响研究设计、数据分析、结果解释或报告的客观性。为了保证肿瘤类器官研究项目的科学性和公正性，必须在研究方案中明确声明和管理任何可能存在的经济利益冲突。

（1）在肿瘤类器官研究中，FCOI可能表现为以下几种情况。

资金支持：研究项目可能得到来自药品公司、医疗器械公司或其他商业实体的资助或捐赠。资金提供方可能希望通过研究获得产品的认可或市场推广，研究人员需要声明是否存在这种资助关系。

研究人员股权或利益关系：研究人员或其家属可能在与研究相关的企业中拥有股权或其他经济利益，如持有公司股份或在公司中担任职务，这可能导致研究结果的偏倚。

顾问或专家咨询：研究人员可能被相关企业聘为顾问，参与产品开发或临床试验设计。此类经济联系需要声明，以避免潜在的利益冲突影响研究方向。

专利持有与技术转让：研究人员或其团队可能拥有与研究相关的专利或技术，或与企业签订了技术转让协议。这可能导致研究人员倾向于得出对其专利或技术有利的研究结论。

研究设备与材料的提供：一些商业公司可能为研究提供设备或研究材料（如药物、试剂、实验仪器等），研究人员需明确披露是否接受此类提供，以及提供方是否有进一步要求或期望。

（2）在进行肿瘤类器官的研究时，研究团队中的所有成员，包括主要研究人员、临床合作人员、数据分析员等，都应当在研究开始前进行利益冲突声明。以下是一个研究经济利益冲突声明的示例：

研究经济利益冲突声明（范例）

本研究项目的所有主要研究人员均已提交经济利益冲突声明。以下为主要研究人员与本研究相关的经济利益信息：

1. 张某某教授（项目负责人）：

张某某教授持有ABC制药公司5%的股份，且曾在该公司担任顾问。张某某教授已向研究机构披露该项股权及顾问关系，并同意在本研究过程中避免参与任何可能与ABC制药公司利益相关的决策。

2. 李某某博士（合作研究人员）：

李某某博士获得了XYZ公司提供的研究资金人民币50万元，用于类器官的培养和药物敏感性测试。李某某博士已承诺，在本研究期间，不会参与涉及XYZ公司产品的评估或推荐工作。

3. 王某某博士（数据分析员）：

王某某博士与MNO技术公司签订了长期技术咨询合同，合同金额为每年人民币30万元。王某某博士声明，在本研究数据分析过程中，将完全遵循无偏数据处理的原则。所有经济利益冲突均已按照相关规定进行管理，研究结果将确保符合伦理和科学要求。

6. 研究成果的发布形式说明　在肿瘤类器官相关研究中，研究成果的发布形式包括但不限于：

（1）学术期刊论文：学术期刊论文是研究成果最常见的发布形式之一。通过在同行评审的学术期刊上发表研究成果，可以确保研究的质量和可靠性，并为其他研究者提供有价值的信息。

（2）会议报告与学术交流：学术会议是展示研究成果、与同行分享经验、获取反馈的一个重要平台。对于肿瘤类器官的研究，学术会议可以提供一个与其他研究团队交流、合作的机会。

（3）专利与技术转化：肿瘤类器官的研究具有潜在的技术转化价值，尤其是在药物筛选、个性化医疗和临床治疗中。研究团队可以根据研究的创新性成果申请相关专利，保护知识产权，并推动技术的产业化。

（4）书籍：在肿瘤类器官研究领域，一些重要的技术方法、实验流程和临床应用研究的总结可以通过出版书籍的形式进行深入的阐述。这不仅有助于学术界对该领域的理解，也能够为相关研究者提供系统性的指导。

（5）数据存储与共享：对于肿瘤类器官研究这种数据密集型的领域，研究成果的存储和共享至关重要。除了发布最终的研究成果，研究团队还应做好相关数据的存储、管理和共享，确保数据的可追溯性和可验证性。

7. 研究团队简介　研究团队的组成和背景是科研项目的重要组成部分，下面将从团队成员的背景、研究方向及合作情况等方面对研究团队进行介绍。

（1）团队构成与学科背景：本研究团队由来自多个学科的专家组成，包括肿瘤学、分子生物学、细胞生物学、药理学、医学影像学、临床医学等领域的资深学者。团队成员在各自的研究领域有着深厚的学术积累和丰富的实验操作经验，具有在国内外顶尖学术机构和研究平台的合作背景。

团队核心成员：项目负责人、肿瘤学专家、细胞生物学专家、临床药物研发专家、数据科学家等。每位核心成员在各自的领域都有着突出贡献，并在相关领域的高影响力期刊上发表了大量研究论文，获得了同行的高度评价。

跨学科合作：肿瘤类器官研究需要多学科的交叉合作，研究团队中的成员具备跨学科合作的经验，能够高效整合不同领域的知识与技术。例如，细胞生物学专家与肿瘤学专家合作研究类器官培养的优化方法，而数据科学家则利用先进的数据分析技术来处理和解析实验数据，提供精确的药物筛选和个性化治疗方案。

（2）团队成员的学术背景与研究经验

项目负责人：作为研究团队的负责人，该专家具备多年肿瘤学和细胞生物学领域的研究经验，曾在国内外多家知名高校和研究机构进行过学术交流与合作。负责的主要研究项目涉及肿瘤细胞生物学、肿瘤免疫微环境、肿瘤类器官模型的建立与优化等方面。

肿瘤学专家：该专家具有扎实的肿瘤基础研究背景，主要研究肿瘤发生、发展及转移机制，尤其擅长利用肿瘤类器官进行药物敏感性实验和靶向治疗研究。曾参与多个国家级重点肿瘤项目，并发表多篇相关领域的高影响力论文。

细胞生物学专家：该专家专注于细胞培养技术的优化与类器官培养系统的开发，致力于研究肿瘤细胞在体外培养中的行为特征；参与了多个细胞生物学领域的研究工作，且在细胞分化、三维培养系统及类器官构建技术方面有着丰富的经验。

临床药物研发专家：该专家有着深厚的临床药物研发背景，负责将肿瘤类器官应用于临床药物筛选和个性化治疗方案的制定；在多个临床药物研发项目中承担主研工作，积累了丰富的药物筛选和临床试验经验。

数据科学家：该专家负责肿瘤类器官研究中的数据采集、处理与分析工作，尤其擅长大数据与人工智能技术在肿瘤研究中的应用；开发了多种数据分析工具，提升了肿瘤类器官研究的数据处理效率和准确性。

（3）研究团队的合作情况：研究团队与国内外多家学术机构和医疗机构建立了广泛的合作关系，联合开展肿瘤类器官相关的基础研究与临床研究。团队与多个制药公司合作，推动肿瘤类器官技术在药物研发中的应用。国际合作方面，团队与欧美及亚洲的多家知名科研机构保持长期合作，定期进行学术交流和技术合作。

国内合作：团队与国内多家肿瘤医院、癌症研究中心建立了合作关系，合作开展肿瘤类器官在临床药物筛选和个性化治疗中的应用研究。此外，团队还与国内高校在肿瘤生物学、分子药理学等方面开展联合研究。

国际合作：团队与多国的顶尖肿瘤研究机构和制药公司建立了战略合作关系，参与了多个国际合作项目，研究成果在国际学术会议和期刊上得到了广泛认可。通过与国际同行的交流，团队能够及时跟进肿瘤类器官技术的前沿进展，并借助全球合作提升研究的国际影响力。

第二步，将所有材料提交所属机构的伦理审查委员会（IRB/IEC），伦理审查委员会将评估研究的科学性、伦理性和合法性，确保研究符合伦理规范和相关法律法规。等待伦理委员会审核，并根据委员会提出的意见进行修改。

第三步，伦理审批通过后，伦理审查委员会出具伦理审查意见，文书中包含伦理审查意见号。至此，伦理工作完结。

在后续项目执行的过程中，需要按照伦理审查委员会批准的方案，收集肿瘤样本。确保样本处理和存储过程符合生物安全和伦理要求，保护参与者的隐私和数据安全。此外，需要建立严格的数据管理和保护措施，确保参与者数据的机密性和安全性。确保数据使用和共享过程中的合法性和合规性。最后，定期向伦理审查委员会提交研究进展报告和任何重大变化的更新。确保研究过程中的任何问题和风险及时报告和处理。

2.2 样本采集与筛选

样本的采集和储存是生物医学研究中的关键环节，对于类器官构建来说尤其如此。只有遵循严格的伦理和科学标准，研究人员才能确保采集的样本质量符合要求，从而提高研究的可靠性和有效性。这个过程不仅需要具备专业知识和技术，还需要对捐赠者的尊重和负责任的态度。

尤其需要注意的是，为保证样本最佳状态及信息无误，样本采集过程需要临床医生、研究者、护士、实验员等所有相关人员明确职责及充分配合。充分沟通是一切合作的基础。通常情况下，临床医生初步对患者进行筛选并取得知情同意。在决定采样后，临床科室应及时告知实验室做好接收样品的准备，实验室对接人员应迅速做出响应，准备样本保存液等送到采样处。手术、穿刺、取血等采样过程一般在临床科室进行，采样结束后，医生或护士及时通知实验室取走样品，确保样本在到达实验室时保持最佳状态。相应地，实验室人员需迅速对组织进行处理。应特别注意样品信息的标记，尤其是同时取多个样品时。只有做到每一个环节的精确执行和各方的紧密协作，才能保障研究的高效进行和科学结果的可靠性。

取材质量直接影响建库成功率及研究结果的可信度。在进行类器官建库或研究前，所有相关人员应该充分意识到样本采集在整个流程中至关重要的作用。以下内容涵盖了取材前到样本储存的全过程。

1. 捐赠者签署知情同意书　在开始任何样本采集之前，研究者必须确保已经获得了捐赠者的知情同意。这一过程遵循伦理原则和法律规定，目的是保护捐赠者的权利和福祉。研究者需要向捐赠者提供一份详尽的知情同意书，该文件应包括以下几方面。

（1）研究的目的：知情同意书应详细解释研究的背景、目标及预期的科学和医学意义。

（2）样本采集的具体方法和程序：清楚描述将如何采集样本，包括采集的部位、方法、过程的时长等。

（3）可能的风险和不适：明确说明样本采集过程中和之后可能出现的风险和不适，如穿刺部位的疼痛、感染风险或手术相关的并发症。

（4）捐赠者的权利：明确捐赠者有权随时撤回同意，退出研究，并对样本如何使用、储存及销毁拥有知情权。

（5）预期成果和对社会的潜在益处：使捐赠者理解他们的参与如何对自身和其他患者的疾病治疗，以及科学进步产生贡献。

（6）样本的使用范围和隐私保护措施：说明样本将被如何使用，包括可能用于哪些类型的研究。强调保护捐赠者隐私的措施，确保所有数据和样本都将匿名化处理。

研究人员应以通俗易懂的语言向捐赠者传达知情同意书的内容，确保捐赠者完全理解。捐赠者有权提出疑问，并应在充分理解所有相关信息后，自愿决定是否签署知情同意书。在捐赠者同意参与研究后，双方应在知情同意书上签字，并保存一份副本以供未来参考。知情同意书的签署不仅是法律要求，也是建立研究者与捐赠者之间信任的基础。

2. 筛选　为了确保所采集的样本符合要求，需要对潜在的捐赠者进行严格的筛选。根据研究的具体需求，制定相应的入组标准，这些标准可能包括以下几方面。

（1）年龄和性别：某些研究可能需要特定年龄段或性别的样本，以研究某些疾病的特定人群。

（2）种族和地理背景：捐赠者的背景可能与疾病的发病率、病理特征、治疗反应及对环境因素的敏感性有关。

（3）健康状况、遗传特征和病史：评估捐赠者的总体健康状况和详细病史，包括既往疾病、家族病史、过敏史等。

（4）当前用药情况：记录捐赠者当前正在服用的药物，因为药物可能影响样本的质量和实验结果。

（5）传染病筛查：进行必要的传染病筛查（如艾滋病、乙肝、丙肝等），以确保样本的安全性和研究的合规性。

通过问卷调查、详细的医疗记录审查和必要的体检，研究者可以评估每例潜在捐赠者的适合度。筛选过程旨在排除可能影响研究结果的干扰因素，确保所采集的样本具有代表性并能够为研究提供有效数据。

3. 样本采集　是类器官研究的核心步骤，必须在严格的操作规范下进行，以确保样本的质量和捐赠者的安全。以下是不同类型样本采集的要点。

（1）血样采集

采集方法：通常通过静脉穿刺进行血样采集。采集时应使用无菌采血管和一次性针头。采血量取决于实验需求，一般为几毫升至几十毫升。

样本处理：采集的血样应立即进行分离处理，如分离血清、血浆或细胞成分。处理后样本应快速冷藏或冷冻，以保持其活性。

（2）组织标本采集

采集方法：组织标本通常通过手术、活检或穿刺获取。手术采样适用于需要大块组织的研究，活检和穿刺则适用于小块组织的采集。采集部位根据研究需要确定。

样本处理：采集的组织应立即置于适当的保存液中，防止细胞变性。对于需要活性保存的组织，可置于培养基中，并在4℃环境中转运。

（3）体腔积液采集

采集方法：体腔积液（如腹水、胸腔积液等）通常通过穿刺或引流获取。操作前应进行超声或CT定位，以确保患者的安全。

样本处理：采集的体腔积液应立即进行分离处理，分离出细胞成分和上清液，分别保存。

样本的采集应当在无菌条件下进行，以减少微生物污染的风险。

此外需要注意信息的记录留存。除实体库外，信息库也是生物样本库重要的组成部分。

2.3　原代培养、传代与冻存

肿瘤类器官的培养堪称一项精细且复杂的工程，需要构建极为复杂的体外培养系统，以高度模拟肿瘤在体内所处的微环境。肿瘤微环境宛如一个精密而复杂的生态系统，包含细胞外基质、各类细胞因子及细胞间相互作用等诸多要素。由于不同癌种生物学特性、取材来源的差异，加之多样化的研究目的，研究者必须审慎地挑选适配的基质材料和细胞因子体系。如 Matrigel 基质胶这类常用的基质材料，能有效模拟细胞外基质，为肿瘤细胞在三维空间中的培养搭建起稳固的结构支撑，恰似为细胞构建了一座坚实的“房子”[14]。细胞因子则如同细胞生长的“指挥家”，通过精准调节肿瘤细胞的生长、增殖和分化进程，助力肿瘤类器官达成自我“稳态”，维持其正常的生物学功能与结构（图2.1）[15]。

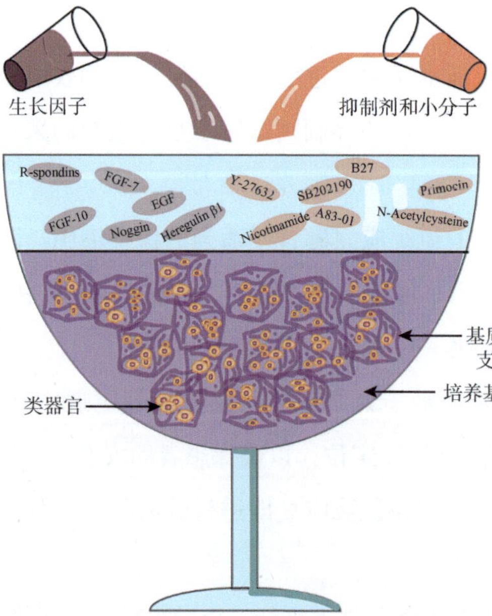

图2.1　肿瘤类器官“鸡尾酒”混合培养体系

支架材料是形成与维持肿瘤类器官生长、模拟体内微环境的关键物质。患者来源肿瘤类器官的培养中用到的生物材料可以分为两类：一类是以基底膜提取物/基质胶为主的天然材料；另一类是人工合成材料。其中，由Ⅴ型胶原蛋白、层粘连蛋白、巢蛋白和多种生长因子共同形成的基质胶（Matrigel）是应用最普遍的一种天然材料，其组成成分及比例与人体基底膜相似。有研究表明，基质胶可以促进乳腺上皮、唾液腺等细胞形成管状结构或腺体[16]。由于基质胶能够模拟体内肿瘤生长的局部环境，促进肿瘤类器官增殖和腺体分化，因此被广泛应用于多种肿瘤类器官培养。

人工合成材料以合成高分子的合成和修饰为主，因其孔隙结构、力学性能可控的优势也常被用于肿瘤类器官的培养。例如，Balachander等将乳腺癌细胞系MDA-MB-231接种到聚己内酯的多孔支架中，发现通过调控多孔支架的弹性模量、支架孔径与形态，可以更好地模拟乳腺组织的圆形腺泡结构，有利于形成与体内肿瘤类似组织结构的肿瘤类器官，并且该培养方式比二维培养的乳腺癌细胞侵袭转移能力更强[17]。肿瘤的分化、增殖和迁移等生物学行为发生在三维环境中，并与周围的基质存在相互作用，因此基质材料的运用可以模拟体内的真实环境，从而提高肿瘤类器官培养的成功率。

2.3.1　类器官构建与培养

1. 样本存储与运输　采集富含肿瘤细胞的新鲜组织样本，包括手术切除组织及活检组织。离体后须尽快放入基础培养基（basal medium，BM）等组织保存液（表2.2）中，恶性积液样本收集于离心管中，标注患者信息后，于4℃低温保存。所有样本应在24小时内送往实验室。

表2.2　基础培养基

成分	终浓度
Advanced DMEM/F12	1×
GlutaMax	1×
Hepes	10 mmol/L
青霉素/链霉素（P/S）	100 U/ml /100 mg/ml
Y-27632	5 mmol/L

2. 样本处理与培养　按照类器官培养流程，对组织样本进行清洗、剪切、消化及基质胶共混培养。其中胰腺癌样本及恶性积液样本通常不消化，胰腺癌样本剪碎后直接与基质胶进行共混培养（图2.2）。

（1）操作前准备：实验开始前30分钟将基质胶放置于冰上化解，消化液、培养基及磷酸盐缓冲液（D-PBS）预热至室温，同时将水浴锅调至37℃，多孔板置于37℃培养箱中预热。

（2）消化酶的选择：酶解法是单细胞悬液制备的常用方法之一，组织解离常见的消化酶包括胶原酶、胰蛋白酶、脱氧核糖核酸酶Ⅰ、透明质酸酶、木瓜蛋白酶、中性蛋白酶、弹性蛋白酶等，不同酶适用于不同的组织类型。

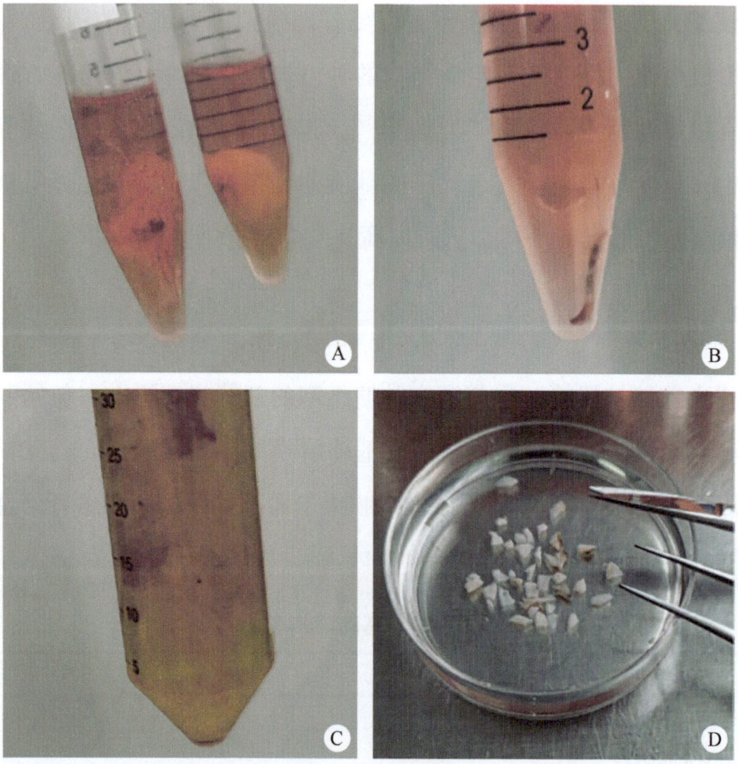

图2.2 共混培养

A. 手术切除的肿瘤组织样本；B. 穿刺活检的肿瘤组织样本；C. 恶性积液样本；D. 剪切为1 mm^3的组织块

胶原酶主要用于水解结缔组织中的胶原蛋白成分，对胶原的消化作用很强，并且仅对细胞间质有消化作用而对细胞损害不大，因此适于消化分离纤维性组织和较硬的癌组织，是组织解离时比较重要的消化酶（表2.3）。

表2.3 胶原酶的选择酶

胶原酶类型	适用组织
胶原酶Ⅰ	用于上皮组织、肺组织、脂肪组织和肾上腺组织细胞的分离
胶原酶Ⅱ	用于新生组织和腺体组织解离，需配合其他酶消化
胶原酶Ⅲ	用于新生组织和腺体组织解离，需配合其他酶消化
胶原酶Ⅳ	用于胰岛初次分离制备
胶原酶Ⅴ	用于胰腺小岛组织的分离，将结缔组织分离成单个细胞

（3）组织剪切及酶解

1）6 cm培养皿中加入3 ml D-PBS，对组织进行漂洗2～3次。对于结直肠癌等易污染样本，清洗时需在D-PBS中添加1%的抗生素。

2）小样本：用剪刀将组织快速剪碎后放入1.5 ml离心管底部，加入1 ml BM培养基、消化酶、DNA酶Ⅰ，放入37℃水浴锅中，观察组织消化状态。

3）大样本：6 cm培养皿中加入3 ml BM培养基，将组织中的脂肪及坏死成分剔除后，剪成1 mm^3的小组织块，收集于15 ml离心管中，加入适量BM培养基、消化酶、DNA酶Ⅰ，放入37℃水浴锅中，观察消化状态。

（4）细胞收集及培养

1）去除红细胞：消化结束后加入3 ml BM培养基，吹打使细胞团块分离，并进行70 μm细胞筛过滤，1400转/分，离心5分钟后得到细胞沉淀，加入红细胞裂解液去除红细胞，用BM培养基清洗2遍。

2）细胞计数：取少量细胞，按照单细胞：台盼蓝=1：9的比例共混，利用活细胞计数仪进行单细胞计数及活率分析。

3）种胶：将细胞悬液与培养基置于冰上预冷，以（1～2）×10^3/μl的细胞密度将细胞悬液与基质胶1：1混合，50 μl/孔种植于24孔板中，37.5℃水浴2分钟后孔板倒置放入37℃培养箱中15分钟使基质胶固化，每孔加入500 μl类器官因子培养基（factor medium，FM）（表2.4）进行培养，2～3天更换一次培养基。

表2.4　部分类器官因子培养基

成分	癌种				
	乳腺癌	肺癌	结直肠癌	头颈癌	肾癌
基础培养基	1×	1×	1×	1×	1×
R-spondin 1（RSPO1）	—	250 ng/ml	500 ng/ml	200 ng/ml	—
R-spondin 3（RSPO3）	250 ng/ml	—	—	—	—
FGF2	—	—	—	—	10 ng/ml
FGF7	5 ng/ml	25 ng/ml	—	—	—
	20 ng/ml	20 ng/ml	50 ng/ml	10 ng/ml	—
EGF	5 ng/ml	—	50 ng/ml	50 ng/ml	50 ng/ml

续表

成分	癌种				
	乳腺癌	肺癌	结直肠癌	头颈癌	肾癌
头蛋白（noggin）	100 ng/ml	100 ng/ml	100 ng/ml	100 ng/ml	—
A83-01	500 nmol/L	500 nmol/L	500 nmol/L	500 nmol/L	500 nmol /L
SB202190	500 nmol/L	500 nmol/L	5 μmol/L	—	—
B27细胞培养添加剂	1×	1×	1×	1×	1×
N-乙酰半胱氨酸（*N*-ace）	1.25 mmol/L	1.25 mmol/L	1.25 mmol/L	1.25 mmol/L	1 mmol/L
烟酰胺	10 mmol/L	10 mmol/L	10 mmol/L	10 mmol/L	—
Wnt-3A	—	—	100 ng/ml	50 ng/ml	—
胃泌素Ⅰ	—	—	10 nmol/L	—	—
前列腺素E_2	—	—	—	1 μmol/L	—

注：FGF. 成纤维细胞生长因子；EGF. 表皮生长因子；A83-01. 一种有效的转化生长因子β（TGF-β）Ⅰ型受体ALK5、ALK4和ALK7的抑制剂；SB202190. 一种有效的p38丝裂原激活的蛋白激酶（p38 MAPK）抑制剂；Wnt-3A. Wnt家族成员3A。

2.3.2 类器官的传代与冻存

1. 类器官传代

（1）观察类器官生长状态，传代时，24孔板每孔加入1.5 ml 消化液TrypLE吹打混匀，置于37℃培养箱中消化，每隔10分钟显微镜下观察消化状态并重复吹打混匀。

（2）当观察到类器官团块完全消失，大部分为单细胞或小细胞团簇时，加入等体积BM培养基终止消化，收集于15 ml离心管中，1400转/分，离心5分钟。

（3）用BM培养基清洗细胞2遍，进行细胞计数，以200～400/μl的细胞密度进行类器官培养。

2. 类器官冻存 按照类器官传代步骤将类器官消化得到单细胞后，以（2～4）×10^5/ml的细胞密度与添加5 mmol/L Y-27632的无血清冻存液共混放于–80 ℃冰箱中，24小时后转入液氮保存。

2.4 表征与评价

1. 类器官生长状态评价

（1）在类器官生长过程中，应及时记录类器官形成及生长情况，保留光镜图片，至少每周检测一次支原体；若发现有细菌或真菌污染，应立即放弃培养。

（2）大部分类器官在培养1周内即可形成如囊状、实心球状等基本形态（图2.3），培养过程中及时观察类器官的生长状态，通常在1～2周时类器官即可传代，传代后2～3天可观察到类器官基本形态形成，则证明类器官生长状态良好。

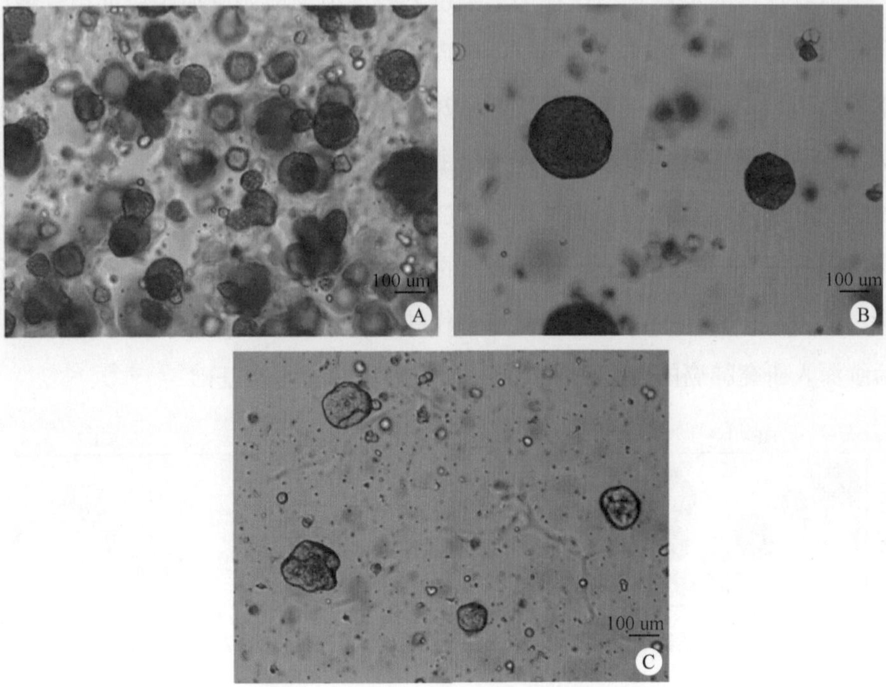

图2.3　囊状、实心球状等基本形态

A、B、C分别为生长至14天的乳腺癌类器官、肺腺癌类器官、肾癌类器官的明场图

2. 类器官组织病理学评价　在类器官鉴定体系中，组织病理学评价占据着极为关键的地位，是整个鉴定流程的基石。其中，苏木精-伊红（HE）染色和免疫组织化学（简称免疫组化）凭借其独特优势，成为类器官药物敏感

性检测中不可或缺的手段。这两种方法具备检测快速的特点，能够在较短时间内获取检测结果，契合药物敏感性检测争分夺秒的需求；成本低的特质也使得众多科研团队和医疗机构能够负担得起，得以广泛开展相关研究；而极高的普及性意味着技术操作相对简便，易于推广应用，能在不同实验室环境中稳定发挥效用，从而满足类器官药物敏感性检测对时效性的严格要求。值得注意的是，样本制备是决定后续类器官内部结构形成效果的核心环节。当下，常用的样本制备方法主要有琼脂糖包被法和原位固定法。琼脂糖包被法通过巧妙地利用琼脂糖的特性，将类器官样本妥善包裹，为后续处理提供稳定支撑。原位固定法则是直接在类器官生长的原位进行固定操作，最大限度保留其原始结构。

培养优良的类器官不仅在HE染色下展现出与原始肿瘤组织如出一辙的形态学表型，更能精准表达与原始肿瘤一致的重要标志物，这是衡量类器官培养是否成功的关键指标（图2.4）。2019年，Kim等[18]精心构建了涵盖80例样本的肺癌类器官生物样本库，借助免疫组化技术检测发现，这些肺癌类器官完好地保留了来源组织中TTF1、CK7、NapsinA的表达。2020年，Li等[19]科研人员成功建立了12例患者来源的肺腺癌类器官，经组织病理学深度分析，证实其所构建的肺癌类器官与亲代肿瘤保持高度组织学结构一致性，为后续深入研究肺癌的发病机制及药物研发等奠定了坚实基础。

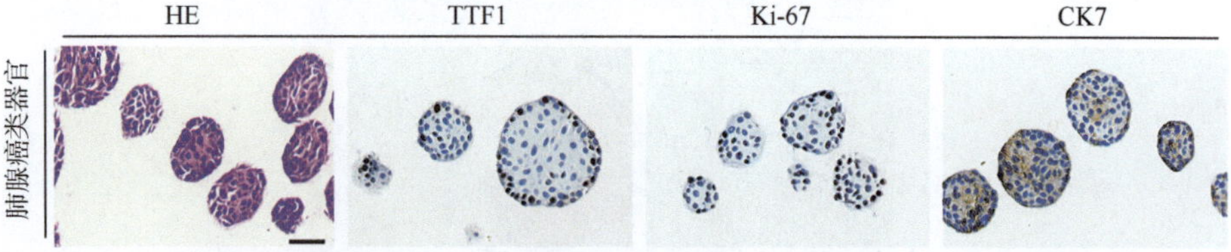

图2.4　肺腺癌类器官HE染色及免疫组化标志物TTF1、Ki-67、CK7的表达情况

（1）琼脂糖包被法

1）弃去生长状态良好的类器官的旧培养基，D-PBS清洗后在24孔板的每孔中加入1 ml 4%多聚甲醛溶液，固定30分钟，将类器官悬液收集于1.5 ml EP管中，1400转/分离心5分钟。

2）去上清，1 ml D-PBS清洗后，1400转/分离心5分钟后再次去上清。

3）2%琼脂糖加热充分溶解后冷却至37 ℃，将100～200 μl琼脂糖加入类器官沉淀中，混匀后低速离心使类器官聚集，凝固后在4%多聚甲醛中固定6～8小时。

4）类器官固定后进行梯度乙醇的脱水、浸蜡及石蜡包埋，以备后续的石蜡切片及染色步骤。

（2）原位固定法

1）将生长状态良好的类器官弃掉旧培养基，D-PBS清洗后在24孔板的每孔中加入1 ml 4%多聚甲醛溶液固定30分钟。

2）去掉多聚甲醛，用注射器针头小心地刮取含有类器官的凝胶，放于脱水盒中进行后续的脱水、浸蜡及石蜡包埋等。石蜡包埋时可将凝胶片竖起。琼脂糖包被法与原位固定法的优缺点比较见表2.5。

除HE及免疫组化染色外，一些特殊染色如免疫荧光染色、过碘酸希夫（PAS）染色等也可用于类器官的鉴定，尤其是在细胞定位等方面提供了极大的参考。比如，在鉴定小肠类器官分化成熟度时，可利用免疫荧光法检测肠上皮细胞（E-CAD）、肠内分泌细胞（CHGA）、杯状细胞（MUC2）、TA细胞（Ki-67）等。常见肿瘤免疫组化标志物总结于表2.6，以作参考。

表2.5　琼脂糖包被法与原位固定法的比较

比较内容	琼脂糖包被法	原位固定法
凝固性	凝固性较好	凝固性较差，固定中存在部分溶解，刮取时易碎
类器官完整性	离心收集或脱水时可能引起类器官形变	类器官形变小，可观察类器官完整结构
类器官数量	通过离心可富集多数类器官	适合类器官数量少时或用于单孔收集

表2.6　常见肿瘤免疫组化标志物的选择

乳腺癌	ER、PR、HER2、COX-2、E-CAD、p53、P63、Cyclin D1
非小细胞肺癌	TTF1、NapsinA、CK7、P40、P63、CK5/6
小细胞肺癌	CgA、Syn、CD56
肠癌	CDX2、β-catenin、CK20、CK-pan、MUC2、CEA
胃癌	CK、CK-L、CK7、CK20、CK19、CDX2、CEA

续表

肝癌	AFP、GPC3、Arg-1、HepPar-1、GS、HSP70
胆管癌	CRP、N-CAD、CD56、CK7、CK19
胰腺癌	CA199、CDX2、CEA、CK19、CK20、CK7
头颈癌	Panck、AE1/AE3、CK5/6、CK34βE
甲状腺癌	TTF1、TTF2、p53、GATA3、PAX-3
食管癌	Cyfra21-1、CA72-4、CEA、CA199
肾癌	CK7、CD10、CD117、CA-Ⅸ、AMACR、vimentin
膀胱癌	Uroplakin Ⅱ/Ⅲ、GATA3、CK5/6、CD44、CK7、CK20、CK34βE12
前列腺癌	P16、GS、p53、PSA、CgA
卵巢癌	CA125、CK7、ER、PR、PAX-8、WT-1
子宫内膜癌	ER、PR、HER2、p53、CEA、CD16、CD56

3. 类器官基因组学评价 采用全基因组或者外显子组测序对类器官进行评估鉴定，较组织病理学的评估鉴定方式具有更高的精准度，且能获得肿瘤的分子谱表达模式，从而更好地捕获肿瘤内及肿瘤间的异质性，既有助于在后续类器官药物敏感性检测中分析分子靶向药物的疗效，又有助于类器官样本库大数据的完善和建立。基因组学包括基因组测序和分析，通过使用高通量DNA测序和生物信息学来组装与分析整个基因组的功能和结构[20]。基因组学同时也可用于研究基因组内的一些现象，如上位性（一个基因对另一个基因的影响）、多效性（一个基因影响多个性状）、杂种优势（杂交活力），以及基因组内基因座和等位基因之间的相互作用等。2018年，Hans Clevers团队成功建立了100例以上乳腺癌原发瘤或转移瘤类器官，并且对模型进行了深入的组织病理学、基因表达、基因测序等分析。在该研究中，研究者利用全基因组测序对乳腺癌类器官进行了研究，结果发现，乳腺癌类器官保持了原肿瘤的基因组拷贝数变化和基因突变。不仅如此，在经过长期传代培养后，这些特征依然稳定地保留在类器官中[21]。与此同时，由于基因测序时间长、费用相对高，目前用于类器官药物敏感性检测方面仍有滞后性及普及性欠佳的问题，因此可考虑在类器官的基础研究及转化研究中采用基因测序的鉴定方式[22]。

4. 类器官转录组学评价　转录组学专注于在整体层面深入探究细胞内基因转录的状况及转录调控的内在规律[23]。它从 RNA 层面切入，全方位审视基因表达的动态过程。转录组，确切地说是一个活细胞在特定条件下能够转录生成的所有 RNA 的集合，堪称洞察细胞表型与功能的关键利刃。在实际研究中，借助转录组学技术，科研人员得以从多个维度对类器官功能展开精准评价。这一学科与基因组学有着显著区别，转录组的定义巧妙融入了时间与空间的限定要素。举例来说，同一个细胞在早期生长阶段，为了适应快速分裂需求，会大量转录与细胞增殖相关的基因；而当处于营养匮乏的环境时，其转录模式又会发生转变，优先转录那些有助于细胞维持存活、应对压力的基因。这种因时因地而异的基因表达特性可以评价类器官的生长、分化等状态。

5. 类器官蛋白质组学评价　蛋白质组学的概念最先由 Marc Wilkins 提出，指由一个基因组、一个细胞或组织表达的所有蛋白质[24]。蛋白质组与基因组的概念有许多差别，其随着组织、环境状态的不同而改变。蛋白质组的研究不仅为揭示生命活动规律提供了物质基础，也能为多种疾病发生机制的阐明及疾病攻克提供理论根据和解决途径。通过对正常个体及病理个体间的蛋白质组进行比较分析，可以找到某些“疾病特异性的蛋白质分子”，同时结合类器官这一良好的体外模型，找到分子靶点，为疾病的早期诊断提供分子标志。

6. 类器官代谢组学评价　代谢组学，作为一门在基因组学与蛋白质组学蓬勃发展之后新近崛起的学科，在系统生物学的宏大版图中占据着至关重要的位置[25]。其概念深深扎根于“代谢组”，所谓代谢组，精准指向某一生物个体或者细胞在特定生理阶段所囊括的全部低分子量代谢产物。代谢组学正是聚焦于此，致力于对这些代谢产物展开全面且深入的定性与定量分析，开辟了生命科学研究的全新路径。在疾病研究领域，机体一旦罹患疾病，内部病理生理过程便会出现紊乱，这一变化最终会直观反映在代谢产物上。科研人员通过精密的分析手段，对患病机体的代谢产物加以剖析，并与健康人群的代谢产物细致比对，全力探寻疾病特有的生物标志物，以期探索出更为高效、精准的疾病诊断新方法。值得一提的是，类器官代谢组学研究近年来发展迅猛，它犹如一座桥梁，为深入探究发病机制、构建逼真的疾病模型等前沿工作，源源不断地输送极具价值的参考依据，助力医学研究迈向新高度。

2.5　入库及出库管理

样本库的管理和运营不仅涉及样本的入库、保藏和出库，还包括对样本信息的全面管理，确保样本在整个生命周期内的质量和可追溯性。以下内容详细描述了样本入库及出库的管理流程，旨在为研究者和管理人员提供指导，确保类器官样本的有效利用。

1. 样本入库　样本入库前，详细的建档登记工作可以确保每个样本都能得到有效管理和追踪。建档登记包括入库前质控、实体样本管理及信息数据管理。

（1）入库前质控：在样本入库之前，必须进行严格的质控，以确保样本的质量和完整性。这一步骤包括以下内容。

样本完整性检查：检查样本是否有破损、污染或其他质量问题。

样本标识核对：确认样本标识与相关文件一致，确保样本的唯一性和可追溯性。

样本处理：根据样本类型进行必要的预处理，如离心、分装、冷冻等。

质控通过后，样本方可入库。

（2）实体样本管理：类器官样本库管理的实体样本包括类器官、蜡块、切片、核酸、蛋白、组织样本和血样。不同类型的样本需要不同的处理和存储方法。

类器官：类器官冻存入库时应严格控制温度，一般需转移至液氮罐中长期保存。

蜡块和切片：蜡块和切片应在干燥、低温的环境中储存，避免高温和高湿度的影响。

核酸和蛋白：核酸（如DNA、RNA）和蛋白样本应在−80℃冰箱或液氮

（–196℃）中冷冻保存，以防止降解。

组织样本：组织样本应于液氮速冻后置于–80℃冰箱或液氮中长期储存。

血样：血样采集后需及时处理，全血样本可加入抗凝剂（如 EDTA、肝素）后分装，血浆 / 血清样本需通过离心分离（通常 3000～4000转/分，10～15分钟）。处理后的样本应分装至无菌冻存管，标记清晰，置于–80℃冰箱或液氮（–196℃）中冷冻保存，避免反复冻融。

（3）信息数据管理：样本的信息数据管理是确保样本可追溯性和研究数据完整性的关键。生物样本库应对其记录的识别、储存、保护、备份、存档、检索、保留时间和弃用实施所需的控制。

样本信息采集：明确并记录需要采集的生物样本相关信息，包括捐赠者信息（匿名化处理）、样本类型、采集时间、处理方法等。

数据存储和保护：采用电子数据库管理系统，对样本信息进行数字化存储。数据库应具备备份和恢复功能，确保数据的安全性和完整性。

数据检索和使用：系统应提供便捷的检索功能，方便研究人员查找和使用样本信息。

法律合规：生物样本库应遵循合同和法律规定的保存期限来保留记录，确保所有记录合法合规。

2. 样本的长期储存

（1）保证样本稳定：样本长期储存的关键是确保其稳定性和质量合格。生物样本库需要采取一系列措施来保证样本的稳定性。

储存容器：使用适合长期保存的容器，如低温冷冻管、液氮储存罐等，确保容器的密封性和耐用性。

环境条件：控制储存环境的温度、湿度、通风和照明条件。不同类型的样本需要不同的储存温度。

样本标识：确保样本标识的持久性和稳定性，采用耐低温、抗腐蚀的标签材料，避免标签脱落或信息模糊。

（2）定期盘库和样本销毁：是样本库管理的重要环节，以确保样本信息的准确性和样本的有效利用。

定期盘库：生物样本库应定期进行盘库，核对样本实际存量与数据库记录是否一致。发现问题及时纠正，确保样本信息的准确性。

样本销毁：对于不再需要或超过保存期限的样本，应按照规定程序进行销毁。销毁过程应记录详细信息，确保可追溯性。

（3）应急预案：保藏单位应当对所保藏的人类遗传资源加强管理和监测，采取安全措施，制定应急预案，确保保藏、使用安全。

安全监测：建立样本库的监测系统，实时监测温度、湿度等环境参数。安装报警系统，出现异常情况及时处理。

应急预案：制定详细的应急预案，包括设备故障、自然灾害等突发事件的应对措施。预案应包括样本的转移和保护措施，确保样本安全。

记录和报告：保藏单位应当完整记录人类遗传资源保藏情况，妥善保存人类遗传资源的来源信息和使用信息，确保人类遗传资源的合法使用。保藏单位应当就本单位保藏人类遗传资源情况向国务院科学技术行政部门提交年度报告。

3. 样本出库　样本出库管理是确保样本合理利用和信息更新的关键步骤，涉及申请、审核、检索、实体出库和信息更新等环节。

（1）申请者提交研究方案文件：研究人员申请使用样本时，应提交详细的研究方案文件，包括以下内容。

研究目的和背景：说明研究的目的、背景和预期成果。

样本需求：明确需要的样本类型、数量和具体要求。

研究方法：详细描述研究的实验设计、方法和步骤。

伦理合规：确保研究符合伦理规范和相关法律法规。

（2）审核通过：样本库管理委员会或相关机构应对申请进行审核，审核内容如下。

研究方案的科学性：评估研究方案的科学性和可行性。

样本需求的合理性：确认样本需求是否合理，是否符合样本库的管理规定。

伦理合规性：确保研究方案符合伦理规范和法律法规。

审核通过后，研究人员方可进行样本检索和提取。

（3）检索和样本实体出库

样本检索：根据申请者的需求，在样本库管理系统中检索所需样本，确认样本的可用性和存储位置。

样本提取：在样本库中按规定程序提取样本。提取过程中应确保样本的质量合格和完整性，避免污染和损坏。

信息更新：样本出库后，及时在管理系统中更新样本信息，记录样本的提取时间、提取人和使用目的等信息，确保样本的可追溯性。

通过以上详细的管理流程，生物样本库可以确保类器官样本的高质量储存和有效利用，为科学研究提供坚实的基础。样本的入库、保藏和出库管理不仅是技术问题，更涉及伦理、法律和信息管理的综合考量。规范化、系统化的管理流程是生物样本库高效运行和科学研究顺利进行的保障。

2.6　可能出现的技术问题

问题1：肿瘤类器官培养多久可以进行传代？

答案：在显微镜下观察，选择类器官密度达500个/孔或单个类器官直径大于120 μm时，进行传代，传代过程中应避免大量类器官的损失。除此之外，根据培养时间来判断类器官的传代也是一种常用的方法。一般来说，第一次传代通常在培养7～14天后进行，随后每7～10天进行一次传代操作。来自不同个体及不同癌种的类器官存在差异，对于一些对缺氧特别敏感的细胞，细胞体积过大时球体内部会出现因细胞坏死、凋亡而引起的空洞，一旦出现这种情况，需要尽早传代。

问题2：为什么Matrigel基质胶成胶不均匀？

答案：Matrigel基质胶对温度非常敏感，超过10℃即开始成胶，超过22℃成胶速度会更快。在操作过程中应注意，所有接触Matrigel基质胶的试剂耗材产品都需要预冷，操作过程应全程在冰上进行，确保低温环境。在其生长过程中，注意及时补液，避免Matrigel基质胶的基质膜干裂。

问题3：细胞培养条件不适当，导致类器官模型的生长和功能受损，如何优化？

答案：优化培养条件，包括培养基成分、培养温度、CO_2浓度、氧气供应等，以最大限度地保持细胞的生长和功能。

问题4：类器官在体外培养中可以连续传代多少次？

答案：根据研究，大多数类器官可以在体外连续传代10次（＞6个月），而一些类器官可以连续传代20次（＞12个月），并且能够保持原有的生长速度。

问题5：在建立肿瘤类器官库时，哪些技术可能会导致样本损坏或失真？

答案：样本损坏可能由于处理过程中的机械性或化学性刺激导致，如机械破坏或加入抑制性生长因子。此外，存储不当也可能导致样本损坏或失真，如未放置在37℃的恒温孵箱中培养。

问题6：建立肿瘤类器官库时，如何确保样本的隐私和安全？

答案：采取适当的数据保护措施，如去除个人身份信息，使用患者编号进行数据传输和存储，并遵守相关的法律法规和伦理标准。

问题7：建立肿瘤类器官库的过程中可能遇到哪些伦理问题？

答案：伦理问题可能涉及样本采集过程中的知情同意、隐私保护、数据共享和研究目的的合法性等方面。建立肿瘤类器官库时，应该遵守相关的伦理准则和法律法规。

问题8：如何最大限度地利用肿瘤类器官库的数据？

答案：可以采用机器学习和人工智能等技术对数据进行分析和挖掘，发现新的生物标志物、治疗靶点和药物候选物，并促进个性化医学的发展。

问题9：类器官的结构表征方法有哪些？

答案：通过亮场、荧光或共聚焦显微镜等光学显微镜观察类器官的整体结构和细胞组成。

电子显微镜：用于观察类器官的超微结构，如细胞器和细胞间连接的细节。

组织学染色：包括常规的组织染色方法，如HE染色、免疫组织化学染色等，用于观察细胞类型、分布和组织结构。

参 考 文 献

[1] Collins FS，Varmus H. A new initiative on precision medicine. N Engl J Med，2015，372（9）：793-795.

[2] Masters JR. Human cancer cell lines：fact and fantasy. Nat Rev Mol Cell Biol，2000，1（3）：233-236.

[3] Yu M，Stott S，Toner M，et al. Circulating tumor cells：approaches to isolation and characterization. J Cell Biol，2011，192（3）：373-382.

[4] Horbach S，Halffman W. The ghosts of HeLa：how cell line misidentification contaminates the scientific literature. PLoS One，2017，12（10）：e0186281.

[5] Masters JR，Stacey GN. Changing medium and passaging cell lines. Nat Protoc，2007，2（9）：2276-2284.

[6] Drexler HG，Uphoff CC. Mycoplasma contamination of cell cultures：incidence，sources，effects，detection，elimination，prevention. Cytotechnology，2002，39（2）：75-90.

[7] Rotimi CN，Jorde LB. Ancestry and disease in the age of genomic medicine. N Engl J Med，2010，363（16）：1551-1558.

[8] Clevers H. Modeling development and disease with organoids. Cell，2016，165（7）：1586-1597.

[9] Broutier L，Andersson-Rolf A，Hindley CJ，et al. Culture and establishment of self-renewing human and mouse adult liver and pancreas 3D organoids and their genetic manipulation. Nat Protoc，2016，11（9）：1724-1743.

[10] Sachs N，Clevers H. Organoid cultures for the analysis of cancer phenotypes. Curr Opin Genet Dev，2014，24：68-73.

[11] Neal JT，Kuo CJ. Organoids as models for neoplastic transformation. Annu Rev Pathol，2016，11：199-220.

[12] Tuveson D，Clevers H. Cancer modeling meets human organoid technology. Science，2019，364（6444）：952-955.

[13] Pauli C，Hopkins BD，Prandi D，et al. Personalized *in vitro* and *in vivo* cancer models to guide precision medicine. Cancer Discov，2017，7（5）：462-477.

[14] Chaudhuri O，Cooper-White J，Janmey PA，et al. Effects of extracellular matrix viscoelasticity on cellular behaviour. Nature，2020，584（7822）：535-546.

[15] Kim J，Koo BK，Knoblich JA. Human organoids：model systems for human biology and medicine. Nat Rev Mol Cell Biol，2020，21（10）：571-584.

[16] 冯紫伊，梁珊珊，于炜婷，等. 患者来源肿瘤类器官的培养与研究及应用. 中国组织

工程研究，2021，25(25)：4082-4088.

[17] Balachander GM，Balaji SA，Rangarajan A，et al. Enhanced metastatic potential in a 3D tissue scaffold toward a comprehensive *in vitro* model for breast cancer metastasis. ACS Appl Mater Interfaces，2015，7(50)：27810-27822.

[18] Kim M，Mun H，Sung CO，et al. Patient-derived lung cancer organoids as *in vitro* cancer models for therapeutic screening. Nat Commun，2019，10(1)：3991.

[19] Li Z，Qian Y，Li W，et al. Human lung adenocarcinoma-derived organoid models for drug screening. iScience，2020，23(8)：101411.

[20] Del Giacco L，Cattaneo C. Introduction to genomics. Methods Mol Biol，2012，823：79-88.

[21] Sachs N，de Ligt J，Kopper O，et al. A living biobank of breast cancer organoids captures disease heterogeneity. Cell，2018，172(1-2)：373-386.

[22] 中国抗癌协会肿瘤多学科诊疗专业委员会，中国抗癌协会肿瘤内分泌专业委员会.肿瘤类器官诊治平台的质量控制标准中国专家共识（2022年版）.中国癌症杂志，2022，32(7)：657-668.

[23] Rao A，Barkley D，França GS. Exploring tissue architecture using spatial transcriptomics. Nature，2021，596(7871)：211-220.

[24] Zhang Z，Wu S，Stenoien DL. High-throughput proteomics. Annu Rev Anal Chem (Palo Alto Calif)，2014，7：427-454.

[25] Schrimpe-Rutledge AC，Codreanu SG，Sherrod SD. Untargeted metabolomics strategies-challenges and emerging directions. J Am Soc Mass Spectrom，2016，27(12)：1897-1905.

第3章　基于肿瘤类器官库的应用

肿瘤是目前全球范围内导致死亡的主要疾病之一，传统的治疗手段如化疗、放疗等，虽然在一定程度上取得了临床效果，但常常伴随着严重的不良反应及低效的个体化治疗水平。随着精准医学和个体化治疗理念的提出，科学家们逐渐意识到，肿瘤治疗不能仅依赖单一的治疗方案，而是需要根据患者的肿瘤特性和分子生物学背景，量身定制治疗策略。然而，如何实现这一目标，一直以来都是肿瘤治疗研究中的重大挑战。近年来，类器官技术的出现为肿瘤药物研发、药物筛选及治疗反应评估提供了新思路。基于类器官的临床药敏检测逐渐成为精准医学中的重要工具，其能够在药物研发早期预测药物的疗效与毒性，为临床治疗提供更加可靠的指导。本章将详细探讨类器官在临床药敏检测中的应用，分析其相较于传统药敏检测方法的优势和技术突破。介绍类器官在药物筛选中的潜力后，本章将进一步探讨这一技术作为药物研发平台如何推动肿瘤药物的精准研发。此外，随着肿瘤免疫治疗和靶向治疗的兴起，药物组合策略的研发成为提升疗效的关键环节。类器官平台的建立，不仅为单一药物的研究提供了可靠的试验平台，也为组合治疗的评估提供了独特的研究价值。药物研发平台作为肿瘤研究中的关键组成部分，涵盖了高通量药物筛选、毒理学研究及组合策略评估等多个方面。通过深入探讨类器官如何在这些领域中发挥重要作用，我们可以清晰地认识到其在现代药物研发体系中的广阔应用前景。类器官模型作为新一代肿瘤药物研发的核心平台之一，其在基础科研中的应用，不仅能够帮助研究者更深入地了解肿瘤的分子机制，还能够为药物筛选提供高效且具有临床价值的解决方案。同时，放射生物学研究是肿瘤治疗中的重要领域，尤其在放疗的精准化和个体化方面具有重大意义。通过结合类器官与放射生物学的研究，我们能够建立更加可靠的肿瘤放射治疗模型，从而实现更为精准的肿瘤放疗策略。在肿瘤治疗过程中，如何选择合适的放疗方案及如何将分子靶向药物与放疗相结合，是当前研究的热点问题，本章也会涵盖相应内容。高通量技术的快速发展为类器官研究提供了强有力的支持。在类器官培养、药物筛选及数据分析过程中，高通量技术的应用不仅显著提高了实验效率，还为大规模的临床前研究和数据挖掘提供了可能。这些技术的结合，推动了肿瘤药物研发的进程，也为未来的精准治疗提供了宝贵的技术积累。

本章将深入探讨类器官技术在临床药敏检测、药物研发、放射生物学研究与高通量技术应用中的多方面优势及发展前景。通过这些技术的综合应用，肿瘤治疗在精准化和个性化方面有望取得重大突破，为全球患者提供更高效、更具针对性的治疗方案，改善患者预后并提高其生活质量。

3.1　临床药敏检测

3.1.1　基于类器官的临床药敏检测相对于传统药敏检测的优势及其意义

传统化疗药物药敏试验的主要目的是评价候选药物针对不同患者的治疗有效性，从而避免无效的药物使用，提高治疗成功率，降低治疗风险。药物敏感性检测方法包括甲基噻唑基四氮唑（MTT）法[1]、克隆形成实验、流式细胞术、细胞计数法和琼脂扩散法。基于类器官的临床药敏检测是指从手术切除、活检的新鲜肿瘤组织或恶性积液中分离单个肿瘤细胞，随后在类器官模型中培养，分别用不同浓度的药物处理类器官后，通过不同检测方法，评估该药物对肿瘤细胞的杀伤能力[2]。相对于传统的二维细胞药敏检测方法，如MTT法、克隆形成实验等，类器官药敏检测具有如下优势。

1. 类器官模型能更好地模拟肿瘤微环境　肿瘤类器官是一种三维多细胞结构，通过添加细胞外基质、生长因子等成分，可以有效模拟部分人体肿瘤微环境；而传统的药敏检测则局限于二维层面的单纯肿瘤细胞系培养[3]。

2. 检测所需样本量较少　基于类器官的临床药敏检测方法，单药检测仅需1000～5000个肿瘤细胞，从而有效避免了珍贵的患者来源肿瘤组织的浪费，并且该数量随着高通量、微量化技术的发展及其结合还将进一步减少[4]。

3. 类器官保留了肿瘤的异质性　类器官可反映肿瘤内部存在的多种不同类型的肿瘤细胞群体。这种多样性不仅包括不同的细胞亚型，还可能涉及肿瘤细胞的基因突变、表型特征及其微环境的相互作用，这种特性能够更好地评估不同治疗方案的效果[5]。

4. 检测结果更为直观　在药物作用于类器官后，我们可以直观地在显微镜下观察到类器官的形态变化。例如，细胞凋亡特征：如细胞碎片化、体积缩小、核浓缩和断裂；生长抑制现象：类器官的整体收缩、边缘细胞脱落或团块的解体；坏死现象：观察到中心区域变性或空泡化，反映药物诱导的坏死；结构完整性：对比药物处理前后，评估类器官的整体完整性变化。这些形态学变化提供了一种直观的药效评估方法，可以实时记录药物作用过程，避免单一的终点测量局限。基于深度学习的人工智能（AI）技术应用于该场景，能够自动分析类器官的显微图像，快速筛选出有效药物，为临床试验提供参考。

5. 可量化评估　通过使用CellTiter-Glo® 3D细胞活力检测系统的终点法测定细胞活力，并将其量化，可获得更为直接的药物作用效果图，准确反映随着药物浓度的升高类器官活力的变化。结合疾病特异性生存（disease-specific survival，DSS）评分，对药敏检测结果的量化评估更为简单直接[6]。

DSS评分是一个用于评估特定疾病患者在接受药物治疗后生存情况的指标。其重点关注特定疾病对患者生存结局的影响，能够排除其他非相关因素（如患者因意外事故等非疾病原因死亡）对生存数据的干扰。DSS可以帮助医生和研究人员比较不同药物对特定疾病的疗效。比如，在临床试验中，研究人员通过比较使用药物 A 和药物 B 的两组患者的 DSS 评分，评估两种药物在延长患者生存期方面的疗效差异。如果药物 A 组患者的 DSS 评分显著高于药物 B 组，那么可以初步推断药物 A 在控制该疾病进展、延长患者生命方面可能更有效。

6. 检测结果灵敏度、患者耐药预测准确度高　与传统的药敏检测方法相比，基于类器官的临床药敏检测结果具有更高的准确度，可以和临床中患者实际对药物的响应程度进行平行比对，同时也能更好地反映患者耐药相关情况，更符合临床需求。

3.1.2 目前开展的药敏试验体系

目前所开展的基于类器官的临床药敏试验体系有两种。第一种在每孔1000～5000个细胞的96孔板中开展，该体系需要较多肿瘤细胞和基质胶，且由于每个药物浓度至少需要设置3～6个副孔，1个96孔板只能进行1例患者的临床药敏检测。为了节省所需肿瘤细胞样本量、降低培养与检测成本，以便后续实验开展，亟须将类器官高通量解决方案应用到较为繁杂的药敏检测工作中[7]（这部分内容将在本章的3.4中详细介绍）。第二种基于384孔板的临床药敏检测也在开展中[8]，每孔需要的细胞、基质胶及全因子培养基用量更少，因此完成1例患者的药敏检测所耗费的材料数量也更少。大量实验证实，基于384孔板的肿瘤类器官药敏检测结果同样稳定。值得一提的是，该体系所使用的384孔板孔数较多，可以一次进行4例及以上患者的临床药敏检测，如果配合微量加样仪，可以省去重复的手动移液及费力的梯度稀释工作，方便同时开展大批量的临床药敏检测。在未来，高通量技术的引入及体系优化[9]，可以大大降低人工药敏检测的占比，从而使肿瘤类器官的临床药敏检测更加高效、低耗和稳定[10]。

3.1.3 临床药敏检测方法与结果判读

目前基于类器官的肿瘤临床药敏检测结果分析方法主要包括三磷酸腺苷（ATP）生物荧光法、基于图像的形态学观察法及活死细胞染色法，其中应用最多的是ATP生物荧光法。在药物对肿瘤类器官作用一定时间之后，采用基于3D细胞活力检测系统开发的CellTiter-Glo 3D试剂对活细胞进行终末裂解[11]，使细胞释放ATP并进行荧光反应，通过使用SpectraMax 酶标仪检测发光强度，对ATP进行定量，进而评估细胞活力[12]。随后应用不同软件及统计方法，可获得肿瘤类器官对某种药物的半数抑制浓度（IC_{50}）或血药浓度-时间曲线下面积（AUC）等数据[13]。为确保药物作用达到足够时间，在向肿瘤类器官添加抗肿瘤药物之后，每24小时应在显微镜下观察经过各浓度梯度药物作用的肿瘤类器官，从而判断肿瘤类器官对药物的反应是否具有一定趋势，若表现出一定趋势，此时可终止药物作用，向孔板中添加适量的3D检测试剂与Advanced/F12++++培养基（Advanced DMEM/F12 培养基中加入10 mmol/L HEPES、1×GlutaMax、1% P/S、5 μmol/L Y-27632），在充分作用使细胞裂解一定时间后，将悬液转移至避光的特定孔板中对其吸光度值进行检测。该种检测方法操作简单方便，30分钟左右即可出结果，且试剂半衰期较长，结果准确稳定。为了更加准确判断化疗药物对肿瘤类器官的作用趋势，可将RealTime-Glo MT细胞活力实时监测试剂与抗肿瘤药物一同作用于肿瘤类器官[14]，从而可以长时间有效地对细胞外ATP释放量进行监测，避免错过关键时间节点。该系统也是高通量筛选应用的理想选择。

在实际的临床药敏试验中，基于图像的形态学观察测量也通常作为辅助判读。用显微镜观察类器官在药物处理前后的形态、大小、结构等变化，如类器官的完整性、细胞密度、边缘清晰度等，以评估药物对类器官生长和形态的影响，进而判断其对药物的敏感性。通常会对不同组别、药物作用前后的类器官进行拍照，附在报告中。如果想更精确地评估药物对肿瘤类器官的杀伤作用，可利用特定的荧光染料对活细胞和死细胞进行染色，如钙黄绿素-AM可染活细胞，发出绿色荧光；而碘化丙啶（PI）可染死细胞，发出红色荧光。通过荧光显微镜或流式细胞仪观察并统计活细胞与死细胞的比例，来评估药物对类器官细胞活力的影响，从而判断药物敏感性。

3.1.4　药敏检测与临床疗效对比示例

这里展示一例基于患者来源肿瘤类器官的临床药敏检测对比患者实际临床治疗效果的案例。样本来自辽宁省大连市大连大学附属中山医院接受新辅助化疗前的一例Lumina B型女性乳腺癌患者，其新辅助化疗方案为AC-T[多柔比星（或阿霉素）联合环磷酰胺序贯紫杉醇方案]，患者肿瘤大小的评估通过超声检查完成。以其肿瘤组织建立类器官，编号为BC162。根据患者的实际治疗方案，选择白蛋白紫杉醇、表柔比星、环磷酰胺作用于该患者组织培养的肿瘤类器官。图3.1显示了在3种不同药物的作用下肿瘤类器官的存活率，结果表明，3种药物都对该患者的肿瘤类器官产生了一定程度的抑制，随着药物浓度的增加，肿瘤类器官的存活率不断下降。多西他赛、表柔比星、4-过氧羟基环磷酰胺（环磷酰胺经体内代谢活化后产物）的IC_{50}值分别为14.84 μmol/L、0.9084 μmol/L和2.424 μmol/L。

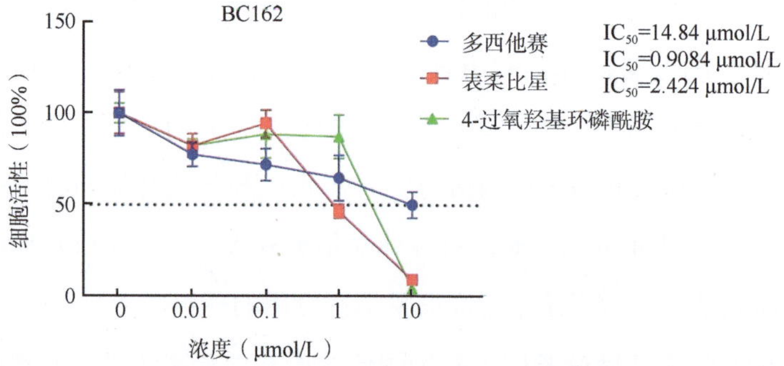

图3.1　患者来源的肿瘤类器官药敏结果

表3.1是该患者用药方案及完成新辅助化疗前（V_{pre}）、后（V_{pos}）的肿瘤体积，以及体积差（V_{Δ}）。在接受表柔比星、环磷酰胺治疗后肿瘤体积已显著缩小，说明这两种药物联合对肿瘤具有较好的抑制效果。在随后的3周使用白蛋白紫杉醇，患者的肿瘤体积进一步缩小，说明白蛋白紫杉醇对其肿瘤同样具有很好的抑制效果。上述结果表明，患者来源的肿瘤类器官对药物治疗的响应与患者实际的治疗效果一致。

表3.1　患者治疗前后的肿瘤体积

1～4周期：表柔比星+环磷酰胺	5～7周期：白蛋白紫杉醇
V_{pre}：3.6 cm×1.6 cm×2.6 cm	V_{pre}：1.6 cm×1.1 cm×1.6 cm
V_{pos}：1.6 cm×1.1 cm×1.6 cm	V_{pos}：1.2 cm×0.9 cm×1.1 cm
V_{Δ}：2.0 cm×0.5 cm×1 cm，Φ56%	V_{Δ}：0.4 cm×0.2 cm×0.5 cm，Φ25%

总而言之，每种化疗方案的获益及化疗疗效与患者对药物敏感程度和个体差异有关。无效治疗不仅延误治疗、造成不必要的身体损害，还会增加国民经济负

担。因此，如何避免无效治疗，并选择有效药物进行个体化治疗，是目前亟待解决的问题。药物敏感性检测可通过细胞或实验动物水平的检测实验，评价候选药物对不同患者的治疗有效性，从而避免无效药物的使用，提高治疗成功率，降低治疗风险。肿瘤类器官在临床药敏检测的应用，与传统的药敏检测比较具有时程短、成本低、准确度高的显著优势，使其成为当前进行抗肿瘤药物筛选的最合适模型[15]。

3.2　药物研发平台

患者来源的类器官（patient-derived organoid，PDO）已被公认为一种适合各种癌症的研究模型，包括结肠癌、胃癌、乳腺癌、前列腺癌、肝癌、胰腺癌、神经内分泌肿瘤、胶质母细胞瘤、肺癌和儿童肾癌等。这些类器官模型适用于转化研究、新药研发和个性化治疗。PDO不仅可以长期扩增，还再现了原始肿瘤错综复杂的细胞异质性和空间结构，在模拟组织起源的功能和生物学行为的同时，保留了病理组织学特征和若干遗传学特征，包括驱动基因的突变和扩增。PDO是肿瘤组织的微型简化版本，可以在实验室环境中生长，并为肿瘤研究和药物发现提供了一个有价值的平台。在不需要体内数据支持的情况下，美国食品药品监督管理局（FDA）于2022年7月批准舒替利单抗（sutimlimab）启动临床试验，这是采用类器官进行药物研发的一个重要里程碑[16]。类器官在药物研发过程中，主要用于高通量药物筛选、药物有效性的临床前研究、药物毒理学研究和药物组合应用评价，其优势在于临床相关性较高，同时成本相对于动物模型较低，并可进行大规模高效培养和后续分析。在此，笔者将归纳总结以肿瘤类器官建立的药物研发平台在高通量药物筛选、药效测试、药物毒理学研究及药物组合策略评价中发挥的作用。

3.2.1　高通量药物筛选

肿瘤类器官应用于高通量药物筛选的前提是建立肿瘤类器官库。如图3.2所示，肿瘤类器官库可通过CRISPR基因编辑技术在正常组织中引入致癌性改变来构建，这种构建方式为研究肿瘤的发生和发展提供了途径，这在癌症研究和个性化医疗中至关重要。最直接的方法还是通过手术标本、细针穿刺抽吸物、体腔积液的获取直接构建。成功建立肿瘤类器官库之后，可以进行药敏试验，在肿瘤类器官芯片上进行高通量药物筛选，以及在正常组织来源类器官中进行药物毒理学测试。在高通量药物筛选中，研究人员一般会根据药物筛选目的，从类器官库中选择合适数量、相同或不同分型的肿瘤类器官样本，将备选库中几十甚至上百个化合物作用于类器官，筛选出具有较高疗效的候选物，作为动物或临床试验研究药物。此外，抗肿瘤药物的高通量筛选通常还涉及药物对正常组织类器官的药物毒性检测。与动物模型和二维细胞系模型比较，肿瘤类器官不仅构建成功率较高、培养周期短、成本低，便于大规模培养[17]，而且经历多代培养仍能保留患者体内肿瘤的异质性及生理病理变化，能够更加准确地评价药物的治疗效果及毒副作用，从而提高药物开发的效率和药物临床试验的成功率。同时，肿瘤类器官的应用也解决了一定的伦理和监管问题[18]。

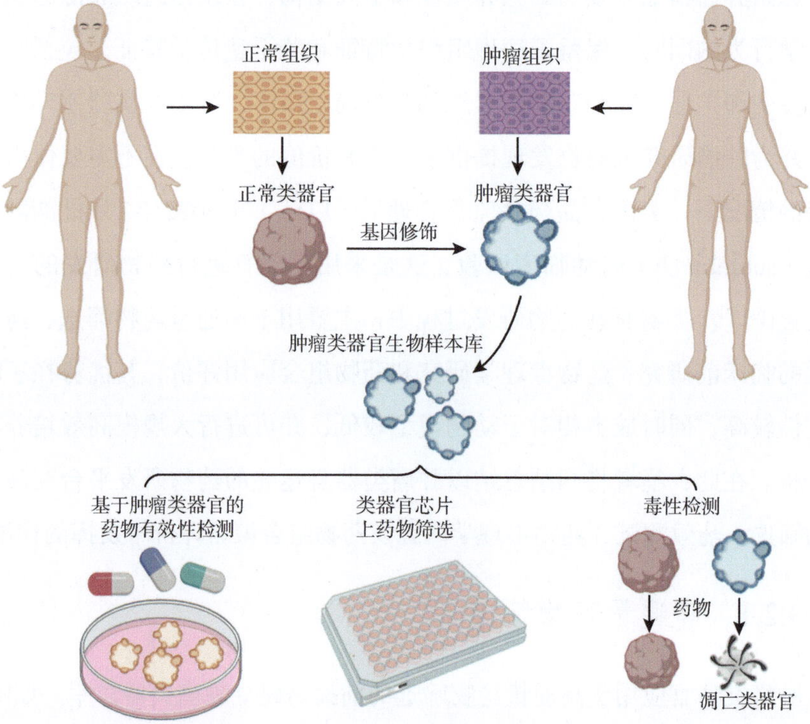

图3.2 肿瘤类器官生物样本库可通过转基因的正常组织类器官或肿瘤类器官来建立[19]

van de Wetering等[20]发现即使是来自同一例患者、均携带*BRAF*V600E突变的不同类器官，其系药敏反应也并不相同，提示了基于肿瘤异质性进行药敏筛选的必要性。Seidlitz等[21]利用大肠癌患者的肿瘤组织培育出肿瘤类器官，发现这些肿瘤类器官能够保持异质性，可用于大规模药物筛查，检测肿瘤对药物的敏感性。Kenny等[17]建立了基于人卵巢癌类器官的高通量药物筛选系统，在384孔板和1536孔板上实现了高通量药物筛选。Broutier等[22]建立了患者来源的原发性肝癌类器官，用于测试29种抗肿瘤化合物的作用，包括临床中正在使用或正在开发的药物，并筛选出胞外信号调节激酶（extracellular-signal-regulated kinase，ERK）抑制剂SCH772984，可作为原发性肝癌的潜在治疗药物，这表明肿瘤类器官还可协助发现药物治疗新靶点。Nanki等[23]建立的患者来源的卵巢肿瘤类器官，其基因表达谱和功能与来源肿瘤相似，保持了肿瘤异质性，可用于抗卵巢癌药物的筛选。Lee等[24]建立了多个不同病理类型的膀胱癌类器官，将不同类型药物作用于这些类器官进行药敏测试，发现类器官对药物的反应与其基因情况对应，如含成纤维细胞生长因子受体（fibroblast growth factor receptor，*FGFR*）基因激活突变的类器官对FGFR抑制剂有反应。

为了使肿瘤类器官更接近活体的肿瘤微环境，可在培养体系中加入基质细胞、脂肪细胞或淋巴细胞等建立细胞共培养体系。颜畅等[25]对癌胚抗原（carcinoembryonic antigen，CEA）-T细胞双特异性抗体（T-cell bispecific antibody，TCB）赛必妥单抗（Cibisatamab）联合T细胞对胃癌类器官的免疫杀伤作用进行研究，结果显示，赛必妥单抗可以增强T细胞对CEA阳性表达胃癌类器官的免疫杀伤力，其作用效果与胃癌CEA的阳性表达率呈正相关；而不表达CEA的细胞是对T细胞联合赛必妥单抗治疗耐药的细胞亚群，且富集肿瘤干细胞，这也提示在应用CEA-TCB对胃癌进行免疫治疗的同时，需开发可以有效靶向杀伤CEA不表达或表达率低细胞的方法，从而降低胃癌对CEA-TCB的耐药。肿瘤类器官与患者免疫细胞共培养，可在体外对免疫细胞进行激活和扩增，再应用于患者，实现对肿瘤的免疫治疗。例如，Zumwalde等[26]将正常乳腺导管上皮形成的类器官与Vδ2$^+$T细胞共培养，结果显示，这些T细胞能够对三阴性乳腺癌细胞进行有效杀伤；Cattaneo等[27]通过将肿瘤类器官与自体外周血淋巴细胞共培养，获得了具有肿瘤杀伤性的T细胞，可用于免疫治疗。

3.2.2 毒理学研究

三维类器官模型相比传统的二维细胞培养模型能够更好地模拟人类的组织微环境，包括细胞间的相互作用、细胞异质性、结构屏障及细胞间通信机制。这些模型能够高度模拟多种人类组织结构，如大脑、肝脏、肺和皮肤等，为进行深入的毒理学评估和机制研究提供了更全面的视角。此外，三维类器官还可用于长期毒性研究，模拟长期暴露于外源化学物质对组织和器官的影响[28]。

在药物研发中，类器官技术的另一个主要优势是可以生成和利用正常的类器官来筛选仅针对肿瘤细胞而不伤害健康细胞的药物。在临床试验中，不可耐受的不良反应是导致试验失败的主要原因，包括肝脏毒性、心脏毒性和肾脏毒性。肝类器官可以用于测试药物的肝毒性。药物相关肝毒性主要通过细胞色素P450酶介导，细胞色素P450酶的作用可以在接近生理水平的肝类器官中观察到。心脏毒性反应，如心律失常和心功能减退也可以在类器官中被测试。此外，肾类器官也被用于药物毒理学研究。将类器官技术应用于药物临床前的毒理学研究，有助于降低药物临床试验的失败率，减少药物临床试验阶段不良事件的发生。Drost等[29]建议为患者培养肝类器官用于检测肝毒性，防止药物对肝脏损伤过重而对患者健康情况造成威胁。药物肾毒性是住院患者治疗失败的另一个重要原因。Morizane等[30]在肾毒性研究方面取得了重要突破，其采用类器官检测顺铂对近端和远端肾小管的毒性。此外，源自诱导多能干细胞的心脏类器官也已被用于研究心脏毒性[31, 32]。综合而言，在类器官对精准医学的指导中，除了通过药物筛选精确找出对肿瘤疗效显著的药物，更重要的是可以利用患者的癌旁或正常组织建立类器官，进行药物测试，避免药物对正常组织的伤害，减轻患者的不良反应，降低肿瘤负荷，提高患者的耐受性和生活质量。这些类器官为研究抗肿瘤药物在个体化治疗中的毒副作用提供了良好的契机。

3.2.3 组合策略评价

组合策略评价是一种全面的多层次、多维度的评估方法，旨在系统评估候选药物的有效性和安全性。肿瘤类器官还可以对联合用药进行指导。Broekgaarden等[33]在转移性胰腺癌中发现，奥沙利铂和辅助光动力治疗的联合治疗与单独治疗相比，具有显著的抗肿瘤效果，且不增加毒性。Driehuis等[34]对已建立的患者来源的胰腺导管腺癌类器官库器官进行一系列的药物治疗，结果显示，吉西他滨对患者的治疗作用与其对体外培养的患者肿瘤类器官敏感性呈现总体相关性，但是没有一种单一的治疗方法可以对所有的肿瘤类器官产生作用。拉帕替尼和吉西他滨合用对*MAP3K1*（mitogen activated protein kinase kinase kinase 1，丝裂原活化蛋白激酶激酶激酶）或*PIK3R1*（phosphoinositide-3-kinase regulatory subunit 1，磷脂酰肌醇3激酶调节亚基1）基因突变的肿瘤类器官最为敏感。Brancato等[18]建立了结直肠癌类器官库，探究不同RAS（rat sarcoma，大鼠肉瘤）通路抑制剂单药及联合应用的效果，在*RAS*突变的结直肠癌患者中联合靶向MEK（extracellular regulated protein kinase，细胞外调节蛋白激酶）和ERK或者HER家族治疗，肿瘤生长被显著抑制；但治疗仅使肿瘤细胞进入细胞周期停滞，停止治疗后肿瘤细胞重新迅速生长。这说明该联合治疗在*RAS*基因突变结直肠癌治疗中具有一定限制性，提示可以联合*RAS*突变结直肠癌患者敏感的EGFR受体抑制剂等进行治疗[35]。

超过50% 的癌症患者存在*p53*突变，并且在多种癌症类型中，突变型p53（mtp53）与临床分期晚和不良预后相关。p53蛋白是一种肿瘤抑制因子和DNA损伤反应（DDR）传感器，可导致细胞周期停滞、细胞衰老、DNA修复和凋亡。Bargonetti等[36]的研究评估了烷化剂替莫唑胺（Temozolomide）联合多聚ADP核糖聚合酶（PARP）抑制剂他拉唑帕利（Talazoparib）作用于乳腺癌和肺癌患者来源的肿瘤类器官的药物敏感性。两种药物组合对mtp53肿瘤类器官的细胞毒性有协同作用，但对野生型p53（wtp53）的类器官没有协同作用。mtp53 可以作为预测替莫唑胺联合他拉唑帕利联合治疗疗效的生物标志物。联合用药会导致mtp53持续的DNA损伤且无法修复，而wtp53表现出DNA损伤较少且修复能力增强。因此，在乳腺癌和肺癌类器官中mtp53的表达可作为DNA修复途径受损导致细胞毒性作用增强的生物标志物。研究还设计了一种诊断肽Cy5p53Tet，用于检测p53表达水平。在没有*BRCA1/2*基因突变的情况下，mtp53和PARP的表达可作为双重预后生物标志物，指导癌症患者使用替莫唑胺和他拉唑帕利进行联合治疗。

在药物组合评估中，有时需要明确两种组合药物是否具有协同效果。联合用药是指两种或两种以上药物同时或先后使用，其主要目的是增加药物的疗效或减轻药物的毒副作用，联合用药的主要常见效果为协同作用、相加作用和拮抗作用。其中，药物的协同作用是指两种或多种药物同时使用时，其联合效应超过各药物单独使用的总效应，判断两种或多种药物联合使用时是否具有协同作用的主要方法为Chou-Talalay法，其通过Compusyn软件计算联合指数（CI），分析药物间是否有协同作用[37]，具体分析值见表3.2。

表3.2 Chou-Talalay法CI评估标准

效果	评估标准
协同作用	CI小于1（CI值越小，协同作用越强）
相加作用	CI等于1
拮抗作用	CI大于1（CI值越大，拮抗作用越强）

尽管Chou-Talalay法应用广泛，但是易用性较差，无法导入excel数据文件，使得输入数据非常不便，无法满足高通量筛选实验的需求。此外，Chou-Talalay法无法给出非恒定比的药物联合Fa-CI图，只能提供经过标准化处理的等效线图[38]。此外，还可通过SynergyFinder软件进行药物协同作用分析。在SynergyFinder软件上输入两种或多种药物的名称及浓度，可通过Bliss、Loewe、HAS、ZIP模型得出协同得分（synergy score），进而判断药物间的相互作用[39]。其中，ZIP模型最常使用，是Bliss与Loewe 的结合体，其通过假设药物之间无交叉效应来评估药物间的协同作用，表3.3为ZIP模型评

估药物组合作用的标准。

表 3.3　ZIP 模型评估药物组合作用的标准

效果	评估标准
协同作用	协同得分大于 10
相加作用	协同得分在 –10～10
拮抗作用	协同得分小于 –10

类器官技术提供了真实和个性化的体外模型来测试抗肿瘤药物的有效性和安全性。相较于传统实验模型，类器官能够更加精确地模拟患者肿瘤的微环境和复杂性，允许研究人员在实验室中观察药物对不同肿瘤类型和患者特异性肿瘤的反应。通过使用肿瘤类器官，研究人员可以更准确地筛选出潜在的有效药物，优化药物组合和剂量，预测患者对治疗的反应，从而提高临床试验的成功率和个性化治疗的精确度。此外，肿瘤类器官技术还能够加快新药的开发进程，减少成本，避免一些伦理问题。肿瘤类器官技术为癌症研究提供了更有力的工具，促进了抗肿瘤药物研发的进步和患者生存率的提高。随着技术的不断进步和应用的扩展，肿瘤类器官有望成为癌症研究和药物开发的标准工具，进一步推动癌症治疗的革新。

3.3　放射生物学研究平台

3.3.1　放射生物学研究平台建立的目的、意义和优势

二维和三维不同培养模式下的培养物对放射的反应有所不同[40]。有研究证实，三维培养物由于上调了干细胞标志物的表达而显示出较强的放射抵抗能力。同样，三维培养的肿瘤细胞上调了二维模型中的部分信号通路，也展现了更强的放射抵抗性[41]。肿瘤类器官是一种三维多细胞结构，通过添加细胞外基质成分、生长因子和小分子抑制剂等可模拟体内微环境，形成接近于体内的肿瘤微组织。已有研究表明，肿瘤类器官保留了原发肿瘤组织的特征和突变谱，同时保留着异质细胞群[42]。因此肿瘤类器官在研究个体化放射效应和放射抵抗相关研究中发挥了至关重要的作用。

目前已有研究将结直肠癌、头颈鳞癌的类器官作为放疗反应的模型[43]。研究人员系统研究了肿瘤类器官在放射诱导下肿瘤相关基因和蛋白质的表达变化，结果显示低剂量照射可使肿瘤类器官产生亚致死损伤，这些损伤随后能够被修复，同时增加放射诱导的干细胞亚群比例。放射后存活的肿瘤细胞具有放射抵抗性，增强了上皮-间充质转化（epithelial-mesenchymal transition，EMT）的过程，从而增加了侵袭转移的能力，以上结果均提示了肿瘤类器官作为放射生物学模型和研究照射后存活肿瘤细胞生物学行为的有效性。

目前，研究肿瘤类器官放射生物学模型的目的及意义主要包括以下几个方面：

1. 个体化治疗 类器官能够精确模拟患者特异性的肿瘤微环境和基因特征，因此，研究人员可以观察不同患者对放疗的反应。这种个体化的模型为医生制定更精准的治疗方案提供了依据，可在提高疗效的同时，减轻治疗过程中的不良反应。

2. 预测放疗效果 利用类器官模型，可以在体外测试肿瘤对不同剂量或类型放射线的敏感性。这种预测能够帮助优化临床放疗方案，减少不必要的副作用，提高患者的整体生存率，并为放疗中的剂量调整提供重要参考。

3. 机制研究 类器官模型保留了肿瘤的三维结构和复杂的细胞-细胞、细胞-基质相互作用，是研究放射线对肿瘤细胞作用机制的重要工具。利用类器官模型，可以深入探讨DNA损伤修复、细胞凋亡、细胞周期调控等关键生物学过程，为理解放疗机制提供新的视角，推动基础科学研究的深入发展。

4. 药物筛选与组合治疗 利用类器官模型进行药物筛选，能够有效评估放疗与化疗、靶向治疗、免疫治疗等组合疗法的效果。这为临床提供了更多的治疗选择，帮助优化综合治疗方案，提高疗效，改善患者的生活质量，并为药物研发提供了高效的平台。

5. 提高研究效率 相比传统的动物模型，类器官模型更为经济高效，能够更快速地获得研究结果，缩短从实验室到临床应用的时间。同时，它减少了动物实验的伦理问题，为人类医学研究提供了更加人道的替代方案。通过模拟人体内的肿瘤环境，类器官模型能够更真实地反映药物和治疗方法的效果。

6. 推动精准医学发展　肿瘤类器官模型在个体化治疗中的应用推动了精准医学的发展。它不仅为每例患者提供定制化的治疗策略，还促进了对不同肿瘤亚型的深入研究，为未来的癌症治疗提供了更具前瞻性的解决方案[44]。

总体来说，肿瘤类器官放射生物学模型为肿瘤放疗研究提供了一个创新的平台[45]，能够加速新疗法的开发，提高患者的治疗效果，并推动个体化医学和精准医学的发展。这种模型在未来有望成为肿瘤研究和治疗的关键工具，造福更多患者。

3.3.2　肿瘤类器官放射生物学模型建立

1. 患者来源的肿瘤类器官的形成[46]　可参考“第2章 2.3 原代培养、传代与冻存”中的内容。

2. 肿瘤类器官的照射　向孔中加入适量基质消化液或冰PBS，随后转移至15 ml离心管中，置于冰上静置一定时长充分消化基质胶，分离肿瘤类器官，离心收集类器官沉淀，随后按实验计划给予类器官沉淀不同剂量的照射，完成照射后将类器官继续接种于基质胶中进行培养[47]。为了验证肿瘤类器官的放射生物学效应，在照射结束重新接种后，使用细胞活力实时监测试剂盒在不同时间点测定细胞存活率（图3.3）。

图3.3　肿瘤类器官放射生物学模型的建立

3. 类器官照射后活力检测等表征方法　采用RealTime-Glo™MT细胞活力实时监测试剂盒进行测定，照射后在肿瘤全因子培养基中加入底物和酶，并在照射后不同时间点检测吸光度值，到达实验终点时补充性使用CellTiter-Glo 3D试剂测定细胞活力[48]，照射组的吸光度值归一化到非照射类器官。

CellTiter-Glo 3D试剂需在4℃冰箱中过夜解冻，并在使用前置于自来水中平衡至室温。在孔板中添加等体积的CellTiter-Glo 3D试剂，充分摇匀混合，将培养板在室温下孵育20～40分钟，使用SpectraMax酶标仪测量吸光度值并统一量化。

4. 类器官放射生物学模型的评价与验证

（1）照射后类器官活力变化与放射生物学效应：为了探究肿瘤类器官对照射的反应，研究人员首先对细胞系来源肿瘤类器官进行0～16 Gy的照射处理，观察不同剂量照射后在不同时间点肿瘤类器官细胞存活率随剂量的变化情况[49]。根据不同实验类器官对射线的反应，选取照射后合适的时间点为终点进行观察。采用终点法检测照射后到达终点的细胞活力，随后对肿瘤类器官进行曲线拟合，绘制放射剂量生存SF曲线。同样，患者来源的肿瘤类器官接受递增剂量放疗，在照射终点绘制生存曲线，结果显示，相对于细胞系来源肿瘤类器官，患者来源的肿瘤类器官对于放射的反应性更强[50]。

肿瘤类器官在照射后具有高度的耐放射性，由图3.4可见，在大剂量（16 Gy）照射后仍然存在较多的存活细胞，尽管其最终未能形成类器官，但可以形成直径较小的球体结构。如图3.5所示，通过对放射终点的类器官进行初步表征，可以观察到，放射后损伤标志物Bax的表达呈照射剂量依赖性增高，增殖指数Ki-67下调，且低剂量照射后干细胞标志物CD44显著上调。提示低剂量照射可以使肿瘤类器官在产生亚致死损伤后完成修复，同时放射诱导的干细胞亚群比例增加。

（2）照射后的肿瘤类器官仍具有再形成类器官的潜力：在经历不同剂量的照射损伤后，研究人员发现，部分细胞仍然具有再形成肿瘤类器官的潜力。各个剂量组的肿瘤类器官在照射后进行消化传代，经过低剂量照射后的再生类器官（regenerated organoid，RO）成球速率与未照射组一致，且保持类器官的基本形态结构；而经过更大剂量照射后的类器官成球速率明显下降，且部分较高剂量照射后的类器官丧失了特征性的外形和再形成类器官的能力。由此可知，低剂量照射后，部分细胞仍可保持其再形成类器官的潜力和类器官的基本结构[51]。

同样，患者来源的肿瘤类器官在经过不同剂量照射后再次形成类器官的能力截然不同。经过低剂量照射后具备再形成类器官的能力及成球速率与未照射组基本相似，而在生长后期，经过低剂量照射的类器官生长速度甚至优于未照射组。综合细胞系和患者来源的肿瘤类器官的结果，认为低剂量照射后，类器官中部分细胞可保持其再形成类器官的潜力并且具备类器官的基本结构。尽管部分肿瘤类器官在大剂量照射下传代后具有一定的成球能力，但HE染色仍显示其细胞崩解，核仁固缩或者消失，呈现大片变性坏死现象，因此认为大剂量照射后的细胞不具备再形成类器官的能力。

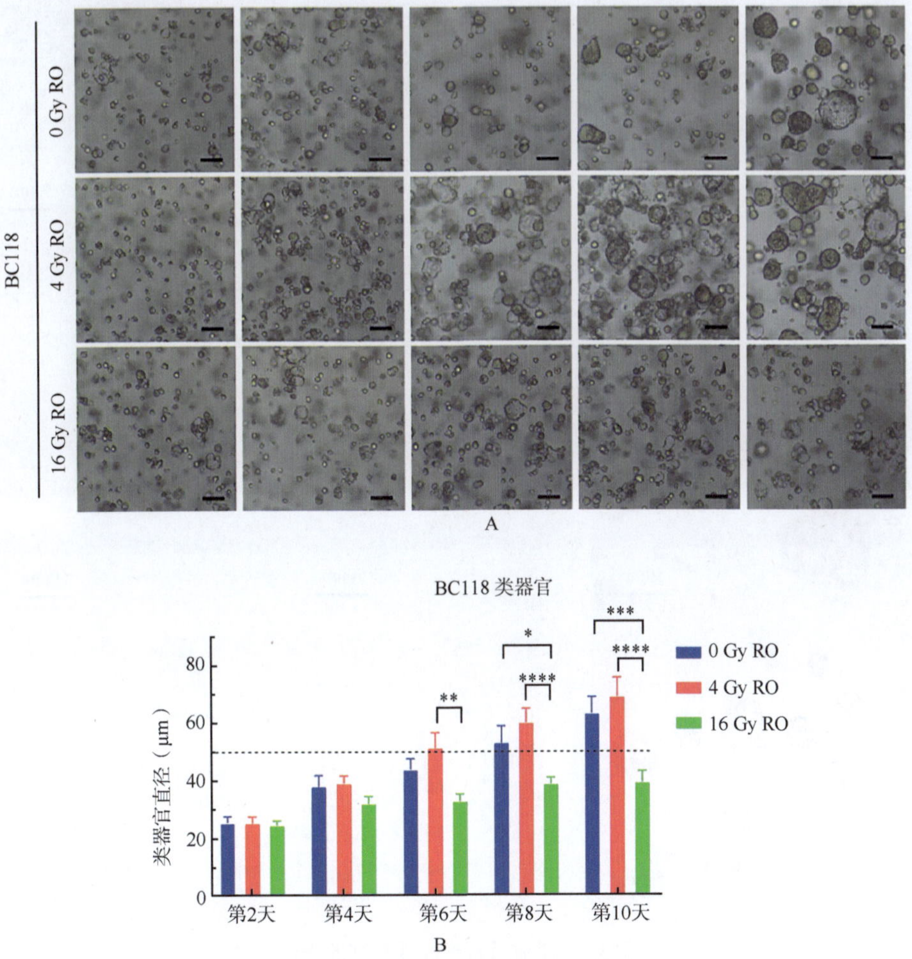

图3.4　不同剂量辐射后的BC118类器官再形成类器官的光镜图（A）和统计（B）

RO. 再生类器官；图A所有标尺为100μm

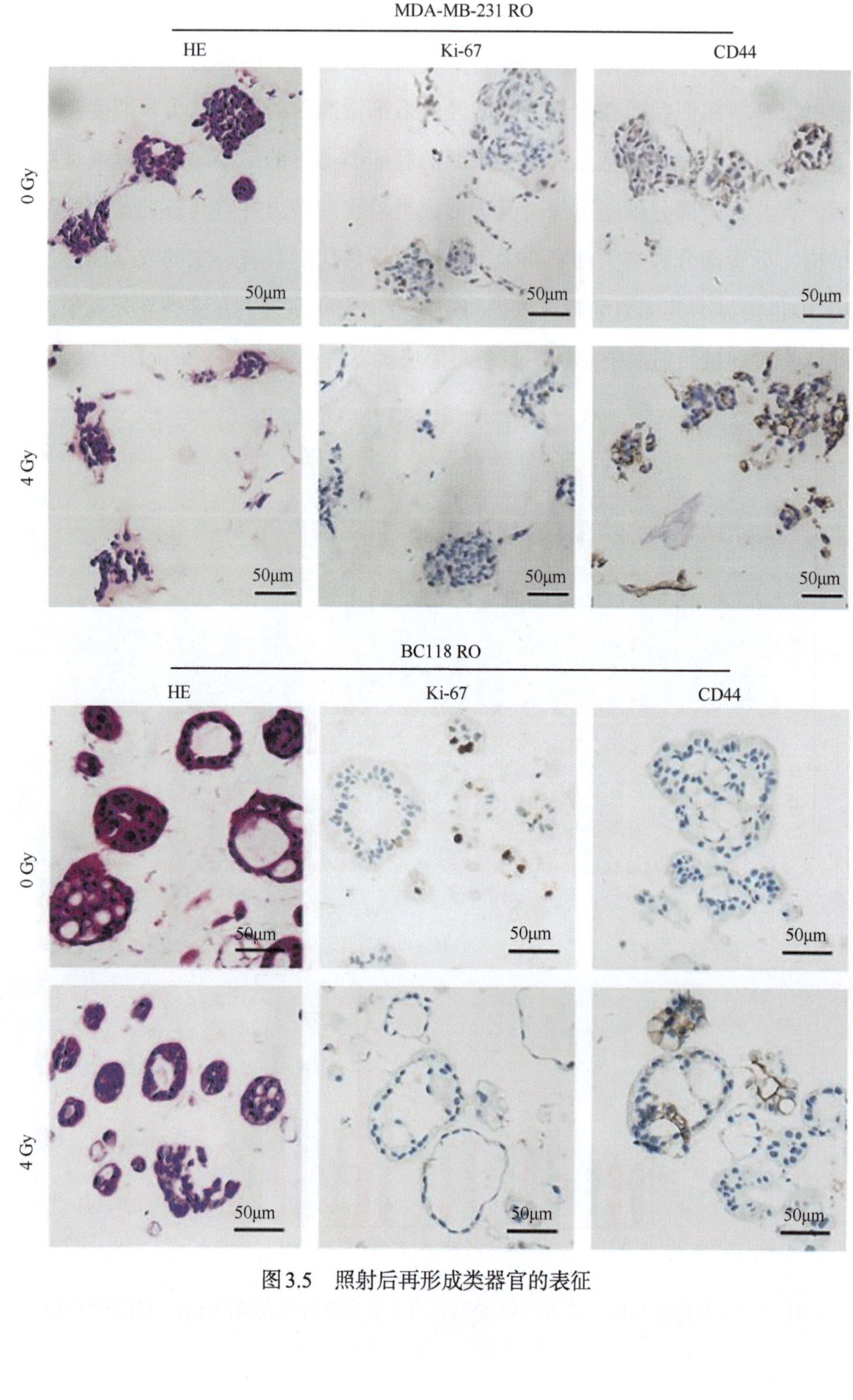

图3.5　照射后再形成类器官的表征

（3）照射后再形成的类器官具有耐照射能力：对以上经过低剂量照射组与未照射组的肿瘤类器官，选择合适的照射剂量，共同进行二次照射，对两组类器官进行5-溴脱氧尿嘧啶核苷（EDU）染色并对有增殖能力细胞进行量化。结果显示，照射组RO的增殖能力显著强于未照射组，因此可以证实，照射后再形成的肿瘤类器官具有耐照射能力[52]。

综上所述，现有的肿瘤类器官模型是初步研究肿瘤放射生物学的良好平台。美中不足的是，当前所建立的放射生物学模型，并未进行肿瘤细胞功能学验证，在未来仍需不断地探索与体系优化。

3.4　类器官培养流程中的高通量解决方案

肿瘤类器官培养体系的建立和应用过程中，存在着多种复杂的实验操作、较高的时间和人力成本，以及缺乏标准化流程和统一鉴定规则的问题。这些因素使得高通量解决方案成为其广泛应用的关键。与其他肿瘤模型相比，类器官具有培养速度快、能有效模拟器官组织发生过程及其生理病理状态等优势。为了最大限度地发挥这些优势，需要在培养过程中采用一系列的高通量解决方案，从而实现高精度、高效率的培养流程。肿瘤类器官操作全流程涉及生物样品处理、图像采集、药物筛选和细胞活力评价等多个可高通量解决的关键步骤。此部分旨在综合介绍肿瘤类器官培养体系过程中的高通量解决方案，探讨这些高通量技术的应用、局限及未来的发展前景。通过这些关键步骤的高通量解决方案，可以对类器官培养过程中的单细胞制备、细胞种植、培养及药物筛选等关键环节进行更精准的控制和优化。这不仅有助于提高培养体系的自动化和效率，还在发现更有效的肿瘤治疗方法和药物方面具有重要意义。

3.4.1　组织解离中高通量技术的应用

在肿瘤类器官培养过程中，将患者来源的肿瘤组织块解离成单细胞是第一步，也是至关重要的一步。它需要保证收获的单细胞具有足够的数量和持久的活力，而且能够为后续的实验提供稳定的数据来源。可实现高通量自动化收获单细胞的仪器包括全自动组织处理器、单细胞悬液制备仪等，这些仪器可以将获得的人体肿瘤组织通过机器研磨和酶促反应制备成单细胞悬液。组织解离仪基于机械研磨和酶消化法的结合，可从组织中分离单细胞悬液，还可以将组织块制备成匀浆。组织解离仪使用自动系统和自定义应用程序控制温度、时间、速度，进行标准化流程操作，使处理样品更方便。这些仪器具有更高精度、更高效率和更低细胞损伤等优点，可以同时处理至多8个不同组织和样本，标本质量可在20～4000 mg，且操作简便，只需将组织样本放入分离管当中，通过隔膜封闭的小孔加入酶及其他溶液并设定好所需要的程序，机器就开始通过研磨的方式自动处理组织样本，从而得到高质量的单细胞悬液或亚细胞物质。例如，Jungblut等[53]通过这些仪器将小鼠肺组织处理成较高质量的单细胞悬液。自动化组织样本采集采用机器人辅助技术或自动化采样装置，可以实现对大量样本的高效采集和处理。采用自动化组织采集系统和机械臂辅助操作，可以提高样本的采集速度和准确性。

现阶段的组织处理仪器可以满足大部分需求。随着人工智能技术的快速发展，组织的自动化处理也将越来越智能化和个性化。未来，这一过程可能不仅涉及简单的消化，还包括消化过程中的自动感应装置，实时自动调节温度、酶浓度等条件，这也是未来值得研究的方向。

3.4.2 类器官种植中高通量技术的应用

类器官培养是模拟肿瘤发展过程的重要步骤，在类器官种植过程中，人工操作难免会使各个类器官液滴在组成、形态、功能等方面产生较大的差异，可能会影响最终的实验结果。同时人工种植的效率非常有限，难以在短时间内制备出大量的类器官。而如果在构建高通量培养体系时，引入自动化和标准化的方法，如以微流控为技术基础的自动化类器官培养平台，可以使每个类器官标准化、均一化，实现类器官单分散且高通量的培养，从而能够更好地模拟肿瘤的恶性表型和转移能力。自动化的细胞培养和监测，大大提高肿瘤类器官培养的效率和准确性。例如，使用微孔板和自动化设备进行类器官的种植和检测。

Jiang 等[54]以微流控联动3D打印技术建立了一个自动化类器官平台。该研究平台可以快速制造与培养正常组织和肿瘤类器官，并且可以实现自动化操控。该研究首先将从原代组织中提取的细胞与基质胶混匀，而后将细胞悬液注入微流体系统，通过微流体液滴打印机制成均匀的载有细胞的基质胶液滴。液滴在微流控管路中凝胶化，通过高通量技术，制备出均匀的类器官前体，把前体打印到96孔板中，该设计有利于培养期间类器官的高通量成像表征。这些类器官前体在1周内以更短的时间和更低的成本完成培养目标，并可用于药物测试。结果显示用该方法制备的肿瘤类器官具有81%的预测准确率，这表明肿瘤类器官高度重现了肿瘤患者对抗癌药物的反应。

Du 等[55]以基因工程人结肠类器官为来源，建立了用于高通量筛选的小型化三维类器官培养平台。为了实现精确、一致的高通量分液，该研究团队使用了多点组合分配器（液体分液器）。此液体分配器可将细胞与凝胶的混合物或药物试剂自动分配到384孔或1536孔板中，得到准确和快速的高质量检测数据。该三维类器官培养平台通过高通量技术筛选化合物在细胞中的活性，并将384孔板形式的类器官微型化为1536孔的超高通量测序模式，证明了该平台用于大规模初级化合物筛选的可行性。

区别于小型液体分液器，带有冷却台和移液臂的液体处理机器人可以克服温度敏感性和凝胶黏度的挑战，使其能够在常规检测开发中测试多种浓度的基质胶，以快速优化类器官的生长条件[56]。带有液体处理机器人的全自动化工作站可用于类器官的自动播种[57]。

另有一种可以使水凝胶图案化的微流控装置，这套装置，利用层流使两侧形成疏水通道，而中间则由此创造了一个亲水通道。当液体水凝胶被注入亲水区时，它被周围的疏水区域限制在这一通道里。这种装置为培养的细胞和组织提供了一个可控的三维微环境，克服了使用微柱和小型压力屏障而产生的费用高昂和操作复杂的难题，从而提高了微流控细胞培养分析的效率。此外，通过该装置实现了人脐静脉内皮细胞培养，验证了本方案的可行性[58]。

光刻技术常常用于制作器官芯片，该技术利用光致抗蚀剂，在光照作用下，把光罩的图形转移到芯片上，利用这种技术可以制作任意图案的器官芯片[59]。使用集成超疏水微孔阵列芯片（InSMAR-chip）可以同时培养上百个类器官，Hu等[60]应用这种芯片实现了肺癌类器官的高通量培养与分析。基于微孔阵列的肺癌类器官模型，可以预测患者一周内的药物反应。

随着高通量技术的不断进步和完善，未来将开发出越来越复杂和精细的类器官模型，也有可能模拟完整的人体系统，并从这个角度考虑肿瘤的治疗。因此，工作的精细化程度会越来越高。在这一过程中，鉴于人工操作失误可能导致检测失败，有必要开发自动化系统用于辅助该项工作。但与此同时，机器取代人工也有其自身的问题。例如，有机体中可能存在细胞团块或微小组织，导致植入不均匀。今后，有必要开发更多的技术，如流体动力学技术，使其分布更加均匀。

3.4.3　药物筛选中高通量技术的应用

药效筛选和验证是高通量解决方案的主要应用。类器官可以用于药物筛选。由于类器官能够模拟肿瘤的真实环境，因此其可以较准确地预测药物对肿瘤的效果。通过机器学习的自动化药物筛选平台，可以快速、准确地检测药物对肿瘤类器官的影响。通过比较不同药物处理的肿瘤类器官生理指标，可以初步筛选出具有潜在效果的药物。随后，利用分子生物学、细胞生物学等技术对筛选出的药物进行验证，以确定其具体作用机制和效果。

Schuster等[61]研发了一个可以自动化的微流控三维类器官培养平台。该培养平台运用了微流控技术，结合系统自带的编程软件，可以对类器官进行时间动态给药和不同排列组合给药，该平台连接图像分析仪器可实时监测类器官的形态和活力数据。该微流控平台的运用提高了类器官培养的速度和可重复性。研究人员通过对患者来源的胰腺肿瘤类器官进行药物筛选来验证该微流控平台的可行性，结果显示，与恒定的单一药物治疗相比，组合和动态的联合药物对治疗肿瘤类器官更有效。

目前的研究集中在明确两种药物的浓度梯度或组合，为探索更多、更复杂的药物组合，Li等[62]开发了一种高通量、开放空间、可重复使用的多层微流控芯片，应用于类器官的联合药物筛选。该微流控芯片结合了可编程流量控制系统，并且与数据收集工具连接。芯片由一个入口层和多个分散层组成，不同的样品可以同时从入口层加载到芯片中，样品溶液继而流入下方的分散层。每个通道中的流体流量由单独微泵控制，以最大限度地减少细胞的稀释，之后使用显微镜技术进行组织学分析。

Komen 等[63]搭建了一套微流控平台。该微流控装置主要由两层空间构成，上层为药物层，下层为细胞层，两层连接处的平面有两个通道，一个为纵向，一个为横向，形成一个十字形，交叉处上下互通，同时由膜隔开。这样就可通过交叉点接种细胞，完毕后底部通道关闭，两个独立的注射泵改变药物层中的药物浓度，并通过膜将药物扩散到下层空间，从而提供动态药物剂量。Zhai等[64]报道了一个数字微流控系统与创新的控制结构和芯片设计。其特殊的“药物分发器”先将所需剂量的药物预先加载到芯片上，再滴加细胞悬液与其混合形成不同药物浓度的药筛模型，最后将两者混合液运送到细胞培养的位置，并采用两种化疗药物对该技术进行验证。与传统96孔板相比，本系统具有细胞使用量少、药物消耗少、占用空间小等优点。在建立用于类器官治疗和分析的高通量测定时，可将带有单一药物或联合药物混合液的储备溶液直接移液到药物打印机的滤芯中，并根据药物浓度梯度，将药物化合物自动批量滴定到多孔板中，实现高通量递送药物[55]。

值得注意的是，药物筛选是一个备受关注的领域，其中一个关键问题是评估添加药物后的细胞活力状态。药物筛选的最终评价依据是细胞对药物的反应，因此通常对细胞的状态进行评价。经典的检测方法是基于细胞毒性的 MTT 和 CCK-8 检测法。随着技术的发展，检测灵敏度有所提高，可以使用基于 ATPase 活性的方法。目前这些方法均可通过商品化试剂盒应用，但缺点之一是这些方法不能实时进行，不能反映用药初期的细胞状态。因此需要新的解决方案，如 C3 蛋白检测方法。随着研究技术的进步，研究人员可用的工具在不断增多。现在可以将CFP-Asp-Glu-Val-Asp（DEVD）-YFP融合蛋白转染到细胞中，以确定caspase-3的表达水平，然后利用多光子显微成像技术采集数据，获得肿瘤对药物敏感性的定时或延迟数据。此外，Ryuji Morizane 团队利用基因编码的荧光生物传感器 PercevalHR 在器官组织中进行高通量药物筛选，该传感器可感知 ATP/ADP 比率，从而反映细胞能量代谢状态。该技术在肾脏器官组织中的成功应用，为其将来应用于高通量药物筛选奠定了基础。值得注意的是，拉曼光谱也可用于研究癌细胞中的药物代谢。

由于自然界中存在的或人类合成的化合物数量庞大，因此有必要进行大规模的实验来筛选最佳药物。因此，近年来药物筛选的高通量应用发展迅速，多家制药公司已经各自拥有了一整套进行高通量药物筛选的设备和方法。未来高通量技术发展的重点可能是降低成本和完善模型，以解决药物分子结构复杂的问题，并将数据与AI、大数据分析等技术相结合，全面研究药物的作用机制、疗效和安全性。对于靶向药物，需要更复杂的方法来评估药物的活性，在评估药物疗效的同时，观察药物的毒副作用。此外，一些药物需要与其他药物或其他疗法联合使用才能发挥疗效，这需要开发一种更全面的系统，以便在治疗过程中或特定阶段观察疗效。这可能是未来的趋势，但同时也需要更高的自动化水平和经济性。

3.4.4 类器官培养中的数据采集与数据分析

1. 数据采集 细胞成像是了解肿瘤类器官培养状态和药效评估的重要手段。在培养和药物筛选过程中，通过高分辨率显微镜和图像分析技术，可以实现对细胞形态、数量、活力的快速和准确检测。在实验过程中，通过活细胞荧光显微镜来进行类器官的数据采集。在倒置显微镜的平移台上放置类器官平台进行观察，其中倒置显微镜中设有一个可以对类器官进行细胞环境控制的外壳，以维持类器官培养必需的温度、湿度和CO_2气体成分[61]。可采用ImageXpress系统对类器官进行图像采集[62]，通过显微镜连接的软件获取图像，包括不同位置、*Z*平面、多个颜色通道的图像。此外，Cytation5细胞成像多功能检测系统包含一台全自动的数字显微镜和多功能微孔板检测系统，该系统可以同时提供丰富的细胞表型信息和基于孔板检测的定量数据结果。其中，全自动的数字显微镜使用高达60倍的物镜进行细胞显微成像，图像可以捕获荧光场、明场、HE染色成像等。检测仪配备专为细胞成像开发的Gen5软件，可高效完成数据的采集和分析[63]。另外，使用光片显微镜和多视点图像融合评估药物对肿瘤类器官的疗效，可以得到一个完整的三维断层摄影。这种方法弥补了在3D结构样品最深处获得的图像质量低的缺陷，并使荧光分子能够到达直径达1mm的类器官核心，从而从不同区域收集相关数据[65]。

2. 数据分析　培养过程中采集的大量数据，包括细胞收获量、细胞活力、生理指标等。通过对这些数据进行处理和分析，可以得出药物对肿瘤类器官的影响及其作用机制。数据处理和分析通常采用专业的生物信息学软件和算法，如R软件和Python软件等。通过数据可视化技术，将复杂的数据转化为直观的图表，便于理解和分析。这些数据可以为后续的临床试验和药物研发提供参考。为了定量分析细胞凋亡水平，将显微镜连接电脑MATLAB脚本对荧光图像进行分析，该脚本为每个独立的类器官和对应的图像提供所需荧光标记物的平均荧光强度[61]。

AI分析是类器官培养中数据分析的关键工具。它可以通过机器学习算法对药物筛选的实验数据进行分析和预测。AI 分析可以帮助我们理解药物对肿瘤类器官的作用机制、预测药物的疗效和副作用，以及优化药物筛选的策略。AI图像分析软件（Aivia）构建了一个二维至五维的图像可视化、分析与数据结合的完整平台，能够在几分钟内快速、高质量地处理和重建高度复杂的图像。AI图像分析同时提供了传统图像分析与深度学习（deep learning，DL）算法的融合，通过专用软件从数码显微镜图像中提取特定数据，为图像分析技术开辟了新的方式。AI图像分析缩短了大量数据处理的时间，提供了更可靠的无偏性结果。

在类器官培养过程中，可以发现细胞的异质性非常明显，对活体和死体的判定都可能受到多种因素的干扰。因此，需要开发排除复杂因素和不同组织、不同患者之间类器官形成差异的算法。随着成像技术的发展，评估细胞活性的图像处理算法目前存在困难，未来的图像处理可能需要更大量的计算，因此需要大型服务器提供更强大的运算能力。此外，基于数据优化的计算模型可用于解决能耗相对较小的数据分析问题。图3.6总结了从组织样本解离、类器官种植到药物筛选及数据采集全过程中涉及可以结合高通量技术的步骤。

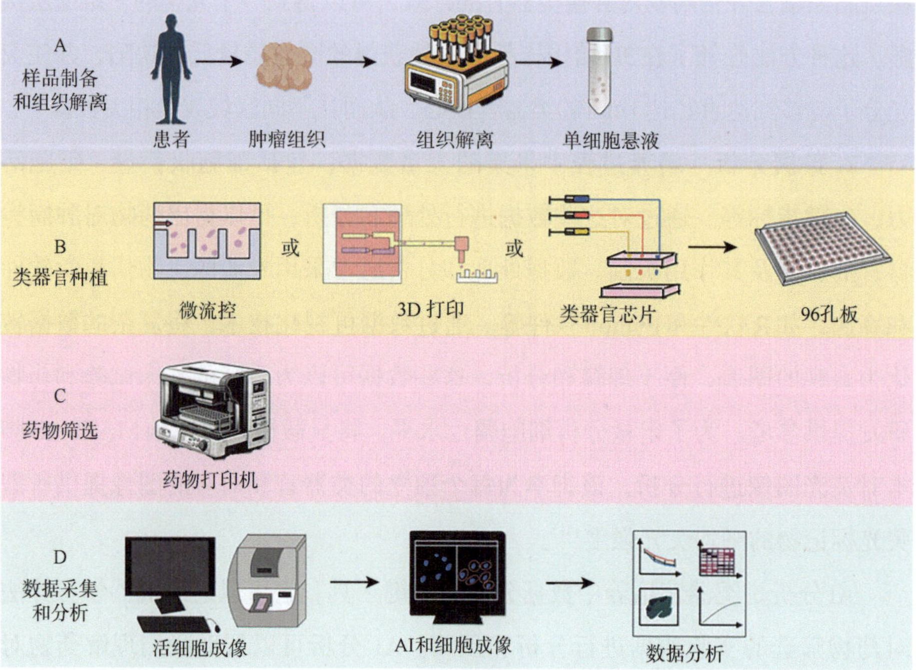

图3.6 利用高通量技术实施组织解离、类器官种植、药物筛选、数据分析和数据采集的总体过程

A. 在初始步骤的样本制备中，患者来源的肿瘤组织经过组织解离仪的处理，获得单细胞悬液；B. 在微流控技术的基础上进行3D打印，种植到96孔板或微流控芯片中；C. 在药物筛选过程中，可通过药物打印机自动给药或微流控传送药物；D. 经高内涵成像系统获取图像数据，或经AI进行数据分析

参 考 文 献

[1] 苏国军，韩瑞璋，于烽，等. 人脑星形细胞瘤原代细胞体外化疗药物敏感性实验研究. 临床医学工程，2012，19(10)：1670-1673.

[2] 黄淼. 基于可手术胃癌患者来源的类器官模型构建和药物疗效预测. 济南：山东大学，2023.

[3] Yadav B，Pemovska T，Szwajda A，et al. Quantitative scoring of differential drug sensitivity for individually optimized anticancer therapies. Sci Rep，2014，4：5193.

[4] Liu HD，Xia BR，Jin MZ，et al. Organoid of ovarian cancer：genomic analysis and drug screening. Clin Transl Oncol，2020，22(8)：1240-1251.

[5] Fatehullah A，Tan SH，Barker N. Organoids as an *in vitro* model of human development and disease. Nat Cell Biol，2016，18（3）：246-254.

[6] Mo S，Tang P，Luo W，et al. Patient-derived organoids from colorectal cancer with paired liver metastasis reveal tumor heterogeneity and predict response to chemotherapy. Adv Sci（Weinh），2022，9（31）：e2204097.

[7] Ramezankhani R，Solhi R，Chai YC，et al. Organoid and microfluidics-based platforms for drug screening in COVID-19. Drug Discov Today，2022，27（4）：1062-1076.

[8] Guillen KP，Fujita M，Butterfield AJ，et al. A human breast cancer-derived xenograft and organoid platform for drug discovery and precision oncology. Nat Cancer，2022，3（2）：232-250.

[9] Tebon PJ，Wang B，Markowitz AL，et al. Drug screening at single-organoid resolution via bioprinting and interferometry. Nat Commun，2023，14（1）：3168.

[10] Wang Y，Jeon H. 3D cell cultures toward quantitative high-throughput drug screening. Trends Pharmacol Sci，2022，43（7）：569-581.

[11] Dominijanni AJ，Devarasetty M，Forsythe SD，et al. Cell viability assays in three-dimensional hydrogels：a comparative study of accuracy. Tissue Eng Part C Methods，2021，27（7）：401-410.

[12] Zhou T，Xie Y，Hou X，et al. Irbesartan overcomes gemcitabine resistance in pancreatic cancer by suppressing stemness and iron metabolism via inhibition of the Hippo/YAP1/c-Jun axis. J Exp Clin Cancer Res，2023，42（1）：111.

[13] Pan J，Zhang M，Dong L，et al. Genome-Scale CRISPR screen identifies LAPTM5 driving lenvatinib resistance in hepatocellular carcinoma. Autophagy，2023，19（4）：1184-1198.

[14] Lowin T，Tingting R，Zurmahr J，et al. Cannabidiol（CBD）：a killer for inflammatory rheumatoid arthritis synovial fibroblasts. Cell Death Dis，2020，11（8）：714.

[15] Kim M，Mun H，Sung CO，et al. Patient-derived lung cancer organoids as *in vitro* cancer models for therapeutic screening. Nat Commun，2019，10（1）：3991.

[16] Xiang D，He A，Zhou R，et al. Building consensus on the application of organoid-based drug sensitivity testing in cancer precision medicine and drug development. Theranostics，2024，14（8）：3300-3316.

[17] Kenny HA，Lal-Nag M，White EA，et al. Quantitative high throughput screening using a primary human three-dimensional organotypic culture predicts *in vivo* efficacy. Nat Commun，2015，6：6220.

[18] Brancato V，Oliveira JM，Correlo VM. Could 3D models of cancer enhance drug screening? Biomaterials，2020，232：119744.

[19] Yang H，Wang Y，Wang P. Tumor organoids for cancer research and personalized medicine. Cancer Biol Med，2021，19（3）：319-332.

[20] van de Wetering M，Francies HE，Francis JM，et al. Prospective derivation of a living organoid biobank of colorectal cancer patients. Cell，2015，161（4）：933-945.

[21] Seidlitz T，Koo BK，Stange DE. Gastric organoids-an *in vitro* model system for the study of gastric development and road to personalized medicine. Cell Death Differ，2021，28（1）：68-83.

[22] Broutier L，Mastrogiovanni G，Verstegen MM，et al. Human primary liver cancer-derived organoid cultures for disease modeling and drug screening. Nat Med，2017，23（12）：1424-1435.

[23] Nanki Y，Chiyoda T，Hirasawa A，et al. Patient-derived ovarian cancer organoids capture the genomic profiles of primary tumours applicable for drug sensitivity and resistance testing. Sci Rep，2020，10（1）：12581.

[24] Lee SH，Hu W，Matulay JT，et al. Tumor evolution and drug response in patient-derived organoid models of bladder cancer. Cell，2018，173（2）：515-528.

[25] 颜畅，胡艺冰，赵晖，等. CEA-TCB双特异性抗体cibisatamab增强T细胞对胃癌类器官的免疫杀伤作用. 华中科技大学学报（医学版），2020，49（5）：511-516.

[26] Zumwalde NA，Haag JD，Sharma D，et al. Analysis of immune cells from human mammary ductal epithelial organoids reveals V$\delta 2^+$ T cells that efficiently target breast carcinoma cells in the presence of bisphosphonate. Cancer Prev Res（Phila），2016，9（4）：305-316.

[27] Cattaneo CM，Dijkstra KK，Fanchi LF，et al. Tumor organoid-T-cell coculture systems. Nat Protoc，2020，15（1）：15-39.

[28] Petersen OW，Rønnov-Jessen L，Howlett AR. Interaction with basement membrane serves to rapidly distinguish growth and differentiation pattern of normal and malignant human breast epithelial cells. Proc Natl Acad Sci U S A，1992，89（19）：9064-9068.

[29] Drost J，Clevers H. Organoids in cancer research. Nat Rev Cancer，2018，18：407-418.

[30] Morizane R，Lam AQ，Freedman BS，et al. Nephron organoids derived from human pluripotent stem cells model kidney development and injury. Nat Biotechnol，2015，33（11）：1193-1200.

[31] Eder A，Vollert I，Hansen A. Human engineered heart tissue as a model system for drug testing. Adv Drug Deliv Rev，2016，96：214-224.

[32] Voges HK，Mills RJ，Elliott DA，et al. Development of a human cardiac organoid injury model reveals innate regenerative potential. Development，2017，144（6）：1118-1127.

[33] Broekgaarden M，Rizvi I，Bulin AL，et al. Neoadjuvant photodynamic therapy augments immediate and prolonged oxaliplatin efficacy in metastatic pancreatic cancer organoids. Oncotarget，2018，9（16）：13009-13022.

[34] Driehuis E，van Hoeck A，Moore K，et al. Pancreatic cancer organoids recapitulate disease and allow personalized drug screening. Proc Natl Acad Sci U S A，2019，116（52）：26580-26590.

[35] 路小欢，徐鲁明，王星月，等. 结直肠癌类器官的构建与应用进展. 中华医学杂志，2019，99（36）：2878-2880.

[36] Madorsky Rowdo FP，Xiao G，Khramtsova GF，et al. Patient-derived tumor organoids with p53 mutations，and not wild-type p53，are sensitive to synergistic combination PARP inhibitor treatment. Cancer Lett，2024，584：216608.

[37] Fu Z，Ma K，Dong B，et al. The synergistic antitumor effect of Huaier combined with 5-Florouracil in human cholangiocarcinoma cells. BMC Complement Altern Med，2019，19（1）：203.

[38] 王士群，朱宇珍，郑学宝. Chou-Talalay在抗肿瘤联合用药中的研究应用概况. 中国现代应用药学，2013，30（4）：449-453.

[39] Ianevski A，Giri AK，Gautam P，et al. Prediction of drug combination effects with a minimal set of experiments. Nat Mach Intell，2019，1（12）：568-577.

[40] Ravichandran A，Clegg J，Adams MN，et al. 3D breast tumor models for radiobiology applications. Cancers，2021，13（22）：5714.

[41] Kim W，Lee S，Seo D，et al. Cellular stress responses in radiotherapy. Cells，2019，8（9）：1105.

[42] Ward JF. DNA damage produced by ionizing radiation in mammalian cells：identities，mechanisms of formation，and reparability. Progress in Nucleic Acid Research and Molecular Biology，1988，35：95-125.

[43] Yao Y，Xu X，Yang L，et al. Patient-derived organoids predict chemoradiation responses of locally advanced rectal cancer. Cell Stem Cell，2020，26（1）：17-26.

[44] Hidalgo M，Amant F，Biankin AV，et al. Patient-derived xenograft models：an emerging platform for translational cancer research. Cancer Discov，2014，4（9）：998-1013.

[45] 陈家靖，刘晏娜，曾琴，等. 耐辐射肺腺癌细胞模型的放射生物学鉴定. 中国病理生理杂志，2024，40（4）：586-593.

[46] Jacob F，Salinas RD，Zhang DY，et al. A patient-derived glioblastoma organoid model and biobank recapitulates inter- and intra-tumoral heterogeneity. Cell，2020，180（1）：188-204.

[47] Ganesh K，Wu C，O' Rourke KP，et al. A rectal cancer organoid platform to study individual responses to chemoradiation. Nat Med，2019，25（10）：1607-1614.

[48] Chan N，Koritzinsky M，Zhao H，et al. Chronic hypoxia decreases synthesis of homologous recombination proteins to offset chemoresistance and radioresistance. Cancer Res，2008，68（2）：605-614.

[49] Wang B，Liu W，Liu C，et al. Cancer-associated fibroblasts promote radioresistance of breast cancer cells via the HGF/c-Met signaling pathway. Int J Radiat Oncol Biol Phys，2023，116（3）：640-654.

[50] Pasch CA，Favreau PF，Yueh AE，et al. Patient-derived cancer organoid cultures to

predict sensitivity to chemotherapy and radiation. Clin Cancer Res，2019，25(17)：5376-5387.

[51] Kong P，Yang M，Wang Y，et al. Ferroptosis triggered by STAT1- IRF1-ACSL4 pathway was involved in radiation-induced intestinal injury. Redox Biol，2023，66：102857.

[52] Hammond EM，Muschel RJ. Radiation and ATM inhibition：the heart of the matter. J Clin Invest，2014，124(8)：3289-3291.

[53] Jungblut M，Oeltze K，Zehnter I，et al. Standardized preparation of single-cell suspensions from mouse lung tissue using the gentleMACS Dissociator. J Vis Exp，2009，29：1266.

[54] Jiang S，Zhao H，Zhang W. An automated organoid platform with inter-organoid homogeneity and inter-patient heterogeneity. Cell Rep Med，2020，1(9)：100161.

[55] Du Y，Li X，Niu Q，et al. Development of a miniaturized 3D organoid culture platform for ultra-high-throughput screening. J Mol Cell Biol，2020，12(8)：630-643.

[56] Saorin G，Caligiuri I，Rizzolio F，et al. Microfluidic organoids-on-a-chip：the future of human models. Semin Cell Dev Biol，2023，144：41-54.

[57] Choo N，Ramm S，Luu J，et al. High-throughput imaging assay for drug screening of 3D prostate cancer organoids. SLAS Discov，2021，26(9)：1107-1124.

[58] Loessberg-Zahl J，Beumer J，van den Berg A，et al. Patterning biological gels for 3D cell culture inside microfluidic devices by local surface modification through laminar flow patterning. Micromachines，2020，11(12)：1112.

[59] Duzagac F，Saorin G，Memeo L，et al. Microfluidic organoids-on-a-chip：quantum leap in cancer research. Cancers，2021，13(4)：737.

[60] Hu Y，Sui X，Song F，et al. Lung cancer organoids analyzed on microwell arrays predict drug responses of patients within a week. Nature Commun，2021，12(1)：2581.

[61] Schuster B，Junkin M，Kashaf SS，et al. Automated microfluidic platform for dynamic and combinatorial drug screening of tumor organoids. Nature Commun，2020，11(1)：5271.

[62] Li L，Chen Y，Wang H，et al. A high-throughput，open-space and reusable microfluidic chip for combinational drug screening on tumor spheroids. Lab Chip，2021，21(20)：3924-3932.

[63] Komen J，Westerbeek EY，Kolkman RW，et al. Controlled pharmacokinetic anti-cancer drug concentration profiles lead to growth inhibition of colorectal cancer cells in a microfluidic device. Lab Chip，2020，20(17)：3167-3178.

[64] Zhai J，Li C，Li H，et al. Cancer drug screening with an on-chip multi-drug dispenser in digital microfluidics. Lab Chip，2021，21(24)：4749-4759.

[65] Lazzari G，Vinciguerra D，Balasso A，et al. Light sheet fluorescence microscopy versus confocal microscopy：in quest of a suitable tool to assess drug and nanomedicine penetration into multicellular tumor spheroids. Eur J Pharm Biopharm，2019，142：195-203.

第4章　肿瘤基础研究热点方向

肿瘤研究始终是生物医学领域一个重要且复杂的课题，随着科技的飞速发展，新的研究方向和技术方法不断涌现，为肿瘤的早期诊断、精准治疗及个性化医疗提供了新的可能性。本章将为研究人员提供一系列关于肿瘤基础研究的课题设计参考，着重探讨几个当前的研究热点，包括复杂肿瘤模型的构建与应用、结合生物信息学的肿瘤进化模拟、生物材料结合肿瘤类器官的研究，以及培养条件对类器官分化导向的影响。首先，复杂肿瘤模型的构建是肿瘤生物学研究的核心之一。传统的二维细胞培养难以完全模拟肿瘤的复杂性，而三维肿瘤类器官模型的引入，为研究肿瘤的生长、转移及对治疗的反应提供了更为真实的系统。“4.1　复杂肿瘤模型的构建与应用”将详细介绍复杂肿瘤模型的构建方法，探讨其在肿瘤免疫学、药物筛选及个性化治疗中的广泛应用，进一步推动肿瘤研究的临床转化。其次，结合生物信息学的肿瘤进化模拟是肿瘤研究中的前沿方向之一。肿瘤的异质性和进化过程一直是肿瘤治疗中的挑战，生物信息学技术的发展为我们提供了从基因组层面深入研究肿瘤演化的可能性。类器官技术与生物信息学的结合，可以帮助研究人员实时追踪肿瘤的进化轨迹，揭示肿瘤进化过程中基因突变、基因表达变化等关键因素，为开发新的治疗策略提供理论支持。“4.2　结合生物信息学的肿瘤进化模拟”将探讨这一领域的最新研究进展及其在抗肿瘤药物耐药性、肿瘤免疫逃逸等方面的应用。再次，在生物材料结合肿瘤类器官的研究中，生物材料的不断发展为类器官的培养和肿瘤微环境的模拟提供了新的工具。通过设计特定的生物材料和合成基质，研究人员能够重建与肿瘤生长和转移相关的微环境，进一步促进类器官的生长和发育，从而更好地模拟肿瘤的发生与发展。“4.3 生物材料结合肿瘤类器官的研究”将重点探讨生物材料在类器官培养中的作用，分析不同类型生物材料的特性和应用，探索其在肿瘤微环境重建及药物筛选中的潜力。此外，类器官的培养条件对其分化导向具有重要影响。细胞因子、氧气浓度等因素可以显著影响类器官的发育和功能，甚至决定其是否能模拟肿瘤的特性。如何优化类器官培养条件，以实现对肿瘤的精确模拟，是当前研究的热点之一。最后，“4.4 培养条件对类器官分化导向的影响”将讨论细胞因子、氧气浓度等培养条件对类器官分化导向的影响，分析其在肿瘤类器官研究中的应用和挑战。

本章将从这些热点领域出发，深入分析各个研究方向的现状、挑战及未来研究前景。通过探讨复杂肿瘤模型、肿瘤进化模拟、类器官研究和培养条件优化等领域的最新进展，本章为肿瘤研究人员提供了全面的参考框架，以期推动肿瘤基础研究向更加精准、高效的方向发展。同时，这些研究方向也为未来肿瘤治疗的创新提供了理论基础和实践指导，尤其是在精准医疗和个性化治疗的背景下，对提高抗肿瘤治疗的效果和患者生存质量具有重要意义。

4.1 复杂肿瘤模型的构建与应用

4.1.1 研究复杂肿瘤模型的目的及意义

1. 肿瘤生态系统的复杂性 单一肿瘤细胞研究具有局限性。以往的研究多聚焦于单一肿瘤细胞，忽略了肿瘤生长的微环境，如间质细胞、免疫细胞、血管等组成的复杂网络。肿瘤与周围组织相互作用。肿瘤不仅由肿瘤细胞组成，还与其周围的微环境紧密相关，这些组分共同影响肿瘤的生长、侵袭和转移。

2. 复杂肿瘤模型的意义 复杂肿瘤模型是指用于研究肿瘤生物学、肿瘤免疫反应、药物反应等方面的高级、多维度的实验模型。这些模型可以更真实地模拟肿瘤在生物体内的行为，尤其是肿瘤与微环境之间的复杂互动，以及肿瘤对不同治疗方法的反应。构建包含多种细胞类型的复杂肿瘤模型，能够更准确地模拟肿瘤在体内生长的真实环境，且有助于揭示肿瘤与微环境之间的相互作用机制，为肿瘤治疗提供新的靶点。

基于类器官的复杂肿瘤模型能够更好地模拟真实肿瘤的复杂性和异质性，包括肿瘤微环境、不同细胞类型的相互作用及细胞间的信号转导，这与单一细胞类型的模型相比，更接近人体内的生理环境[1]。除此之外，复杂肿瘤模型可以更准确地模拟肿瘤的发展过程、异质性和进展，有助于理解肿瘤的复杂病理机制[2]和治疗反应，为疾病预后评估提供更多信息。同时，复杂肿瘤模型可用于评估潜在抗肿瘤药物的有效性和毒副作用，因其能够反映真实肿瘤对药物的复杂反应，如药物抵抗性的形成和药物代谢动态。由于不同肿瘤具有不同的遗传和表型特征，复杂肿瘤模型有助于实现个性化医疗，即根据患者的具体肿瘤特征设计个性化的治疗方案。此外，复杂肿瘤模型有助于揭示肿瘤发生发展的分子机制、信号通路激活和基因表达模式的变化，从而深入理解肿瘤生物学的复杂性。利用复杂肿瘤模型，研究人员可以更好地进行基础科学研究和临床转化研究，促进科学发现和新疗法的开发。

另外，肿瘤细胞内部和微环境中的药物代谢途径、药物靶点的多样性及细胞内药物转运通道的复杂性，决定了肿瘤对治疗药物的反应。肿瘤细胞亚群之间可能存在的药物敏感性和耐药性差异，要求治疗策略必须考量整个肿瘤生态系统的动态变化[3]。

4.1.2　细胞培养方法

肿瘤类器官培养物通常只包含一种代表肿瘤性上皮细胞的细胞类型（如二维细胞系），缺乏肿瘤微环境（TME）的多细胞特性。而患者来源的肿瘤类器官则倾向于与多种细胞类型共培养，包括患者来源的免疫细胞、癌症相关成纤维细胞（CAF）及血管内皮细胞。三维共培养系统提供了一种很有前景的方式，可以模拟肿瘤细胞与组成TME的其他细胞之间的相互作用。图4.1展示了患者来源的类器官与患者自体的成纤维细胞或免疫细胞进行共培养的大致方案。

通过类器官构建复杂的肿瘤模型进行后续研究，首先需要培养并扩大相关细胞的数量。以下将介绍不同细胞的分离与培养方法。

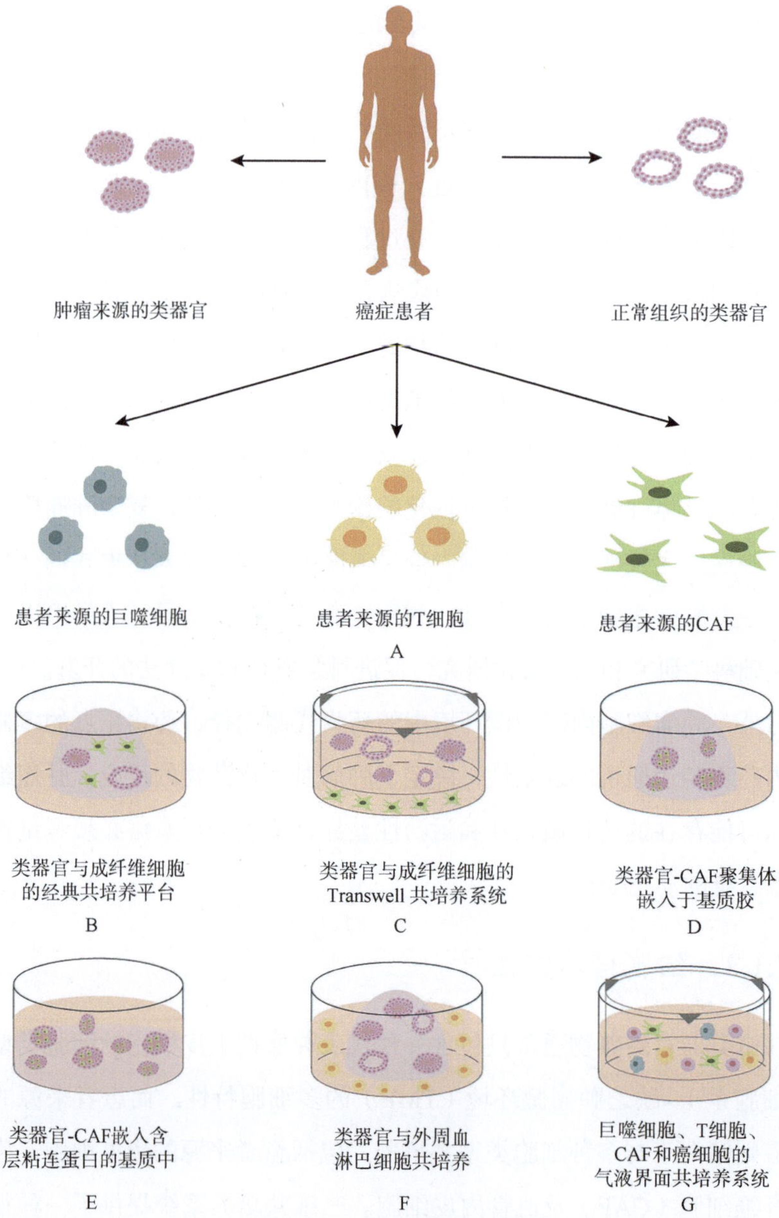

图4.1　共培养平台/系统

A. 肿瘤类器官及不同非肿瘤细胞类型的培养物可以基于同一患者建立，并用于模拟细胞间的相互作用；B. 经典的共培养平台，其中类器官和CAF嵌入Matrigel的同一液滴中；C. Transwell共培养系统，其中类器官嵌入Transwell插入物顶部的基质中，CAF作为单层培养物进行铺板；D. 类器官CAF聚集在一滴Matrigel中；E. 成纤维细胞CAF聚集在Matrigel富含层粘连蛋白的基质中；F. 类器官和外周血淋巴细胞共培养，类器官被嵌入一滴Geltrex中，而淋巴细胞则悬浮在培养基中；G. 气液界面共培养系统、患者来源的巨噬细胞、T细胞、CAF和癌细胞嵌入Ⅰ型胶原蛋白中[4]

1. 癌症相关成纤维细胞的培养　CAF通常是指在肿瘤微环境中的一类成纤维细胞，它们在肿瘤生长和发展中起到重要作用[5]。培养和研究CAF可以为理解肿瘤微环境的作用机制提供重要信息。CAF通常从新鲜的肿瘤组织中分离出来。分离方法包括组织块的机械分离、酶解消化（如应用胰蛋白酶）、细胞培养，也可以使用生长法从肿瘤标本中分离出原发性CAF[6]。此外，可使用负选择法将其他非CAF的细胞群体（如肿瘤细胞、正常成纤维细胞等）去除，从而纯化CAF。CAF主要来源于肿瘤周围的间质细胞，具有促进肿瘤生长、血管生成等功能[7]。

CAF的培养条件包括适当的培养基、温度、湿度和气体环境，以及可能的生长因子和刺激因子。培养CAF的基本培养基可以选择含有RPMI 1640培养基的成纤维细胞培养基，该培养基包含 10% 胎牛血清（FBS）、GlutaMAX® 细胞培养添加剂和P/S，以支持细胞生长和增殖。CAF培养物建立成功率可达90%。Schuth等培养的CAF每8～9 天传代一次，通过形态学评估和平滑肌肌动蛋白α（α-SMA）免疫荧光染色进行鉴定，并且，分离后的第4～7代CAF可进行共培养[8]。此外，根据具体实验需求可添加不同的生长因子和细胞因子，如成纤维细胞生长因子（FGF）、表皮生长因子（EGF）等，以模拟肿瘤微环境中的生长条件。肿瘤类器官和CAF的三维共培养补充有DNase Ⅰ和TrypLE以将类器官消化成单细胞/小聚集体（类器官形成单元）。类器官形成单位与成纤维细胞以 1∶1 的比例混合。根据每个类器官系的生长速率，每 10 μl 基质使用 2000～3000 个类器官形成单位。将细胞作为滴剂接种在含有基质胶和以 2∶1 比例混合的Ⅰ型胶原凝胶溶液的共培养基质中。共培养物保持在含有 Advanced DMEM/F12（Ad F12）、GlutaMax、HEPES、B27、FGF10、EGF和 5% RSPO1条件培养基的共培养基中。图4.2展示了胰腺导管腺癌（PDAC）-PDO与CAF的共培养。类器官培养基、成纤维细胞培养基、共培养（co-culture）培养基的相关成分详见表4.1。

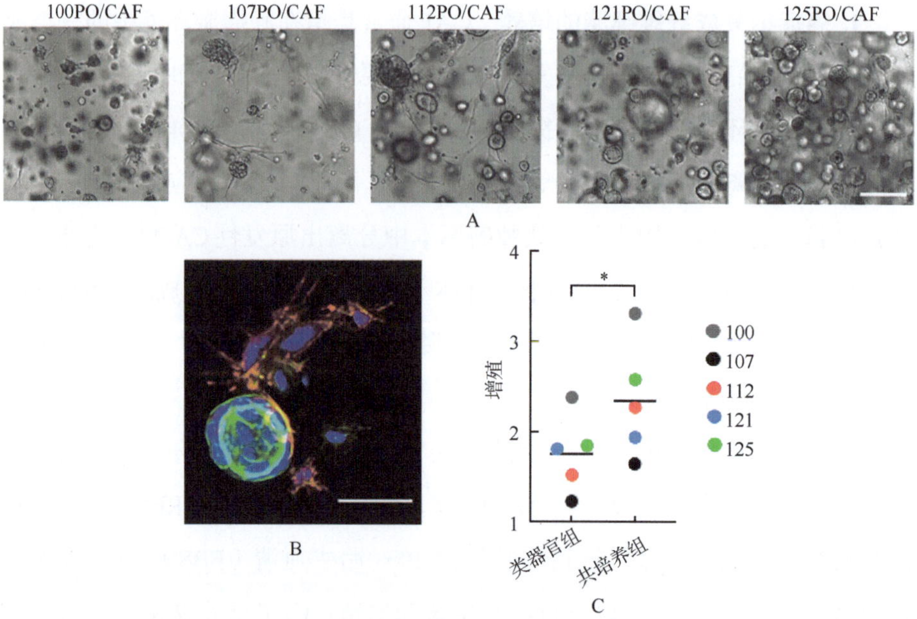

图4.2 PDAC-PDO与CAF共培养

A. 5例类器官与自身CAF共培养亮场图片，类器官扩增至满足后续实验所需数量通常需要20～90天，平均40天；B.通过免疫荧光试验证实CAF与类器官有直接的物理接触；C.在4/5例中，CAF共培养可以促进类器官增殖[8]

表4.1 类器官培养基、成纤维细胞培养基和co-culture培养基成分

类型	成分
类器官培养基	Ad F12，GlutaMax，HEPES，Primocin，B27，*N*-ace，10% RSPO1-cd，FGF10，noggin，A8301
成纤维细胞培养基	RPMI1640，GlutaMax，P/S，10%血清
co-culture培养基	Ad F12，GlutaMax，HEPES，EGF，B27，10% RSPO1-cd，FGF10

CAF可以通过特定的细胞标志物被纯化，并通过形态学、免疫学或分子生物学方法被鉴定[9]。免疫细胞化学染色、流式细胞术、实时定量PCR等方法可用于鉴定和分析分离的CAF细胞。此外，利用小鼠类器官共培养系统可鉴定出两种不同但具有可塑性的CAF亚型，即肌成纤维细胞样CAF（myCAF）和炎性CAF（iCAF）。Tsai等[10]成功建立了包含CAF和T细胞的PDAC肿瘤类器官，进一步证明了该模型用于研究PDAC肿瘤微环境的可行性。进一步的功能性研究可聚焦于细胞因子分泌、基因表达谱、与其他肿瘤细胞的相互作用等方面[11]。

2. 免疫细胞的培养 免疫细胞的培养方法通常取决于特定的细胞类型和研究需求。免疫细胞包括T细胞、B细胞、巨噬细胞等[12]，每种细胞在肿瘤微环境中发挥不同的作用。免疫细胞可以从不同的来源，如外周血、脾脏、骨髓等分离出来。分离方法因细胞类型不同而异，通常包括外周血单个核细胞（PBMC）分离，如通过密度梯度离心分离PBMC；骨髓或脾脏细胞分离通常需要通过机械分离或酶消化来获得单个细胞悬液。

在免疫细胞的培养过程中，可以使用特定的培养基和细胞因子，促进免疫细胞的增殖和分化。RPMI1640、DMEM等培养基可以提供生长因子、激素和其他细胞生长所需的营养物质。根据特定细胞类型和研究目的，可能需要添加不同的生长因子和细胞因子，如白细胞介素（IL）、干扰素（IFN）、肿瘤坏死因子（TNF）等，以模拟免疫应答条件。如图4.3所示，来自荷兰癌症研究所的研究团队[13]开发了一个肿瘤类器官和外周血淋巴细胞共培养系统。该系统基于肿瘤类器官和自体外周血淋巴细胞共培养的肿瘤反应性T细胞的生成来进行功能评估。取患者的外周血（分离PBMC）及肿瘤组织，肿瘤组织形成类器官后去除Geltrex并裂解成单个细胞，随后将肿瘤反应性T细胞与经IFN-γ刺激的自体肿瘤细胞共培养两周进行扩增。评估T细胞在识别肿瘤细胞后执行效应功能（IFN-γ分泌，脱颗粒）的能力及其杀死肿瘤类器官的能力。该研究团队系统的设计在于以抗原不确定的方式将外周血作为肿瘤反应性T细胞的来源。在两周内，可从33%～50%的非小细胞肺癌（NSCLC）和微卫星不稳定（MSI）结直肠癌（CRC）患者的样本中获得肿瘤反应性$CD8^+$ T细胞群体。因此，该研究模型允许在患者个体水平上建立基于T细胞的免疫治疗体外测试系统。

建立肿瘤组织来源的肿瘤类器官，需在开始共培养之前从外周血中分离PBMC。在共培养前2天从Geltrex中分离类器官，并在共培养的前1天用IFN-γ刺激。在共培养当天，在IL-2和抗PD-1的作用下，类器官被解离为单细胞，将其与PBMC共同接种在抗CD28培养皿上。共培养1周后，PBMC被肿瘤细胞重新刺激。与自体肿瘤类器官（粉红色背景）共培养2周后，冷冻保存T细胞（黄色背景），评估T细胞对肿瘤细胞的反应性（绿色背景），或进行肿瘤类器官杀伤实验（蓝色背景）[13]。

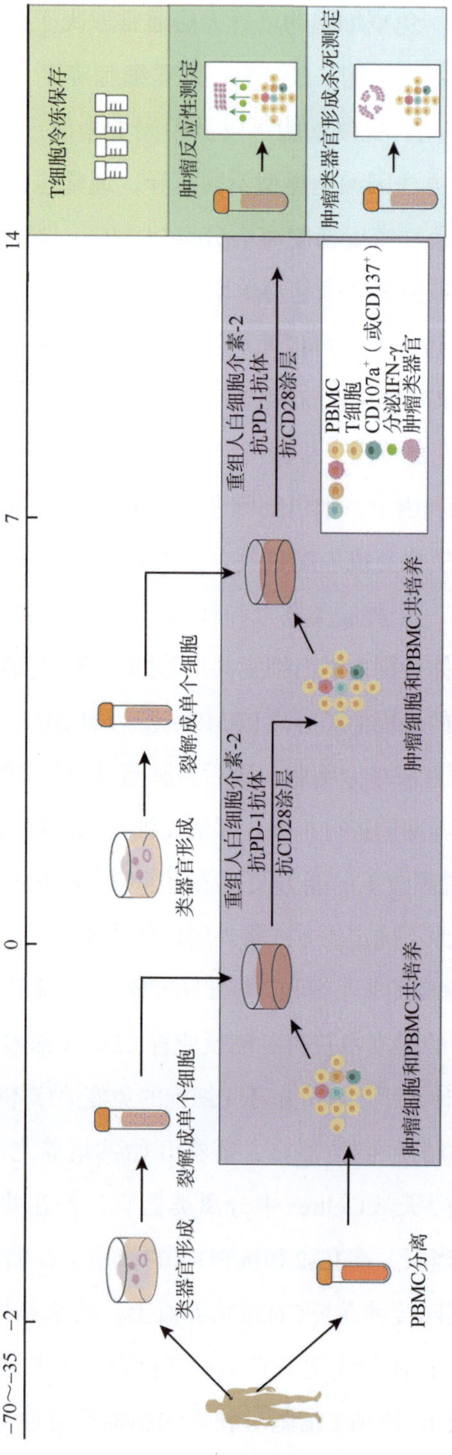

图 4.3　肿瘤类器官 - T 细胞共培养系统流程[13]

PBMC. 外周血单个核细胞

通过评估免疫细胞活性分泌的因子或抗体产生等，可以验证其功能状态[14]。通过形态学观察、免疫细胞化学染色、流式细胞术或免疫组化等技术进行细胞鉴定，确定细胞类型和纯度。其中，流式细胞术可用于分析T细胞的表面标志物、胞内蛋白及信号转导。功能性分析如细胞增殖分析、细胞毒性分析、细胞因子分泌分析等，用于评估免疫细胞的功能状态和应答。细胞毒性试验用于评估T细胞杀伤靶细胞（如癌细胞或感染细胞）的能力。通过酶联免疫斑点试验（ELISpot assay），可量化特定细胞因子的分泌，从而了解T细胞的功能。同时，对于某些免疫细胞如激活的T细胞或树突状细胞，可能需要特殊的培养条件或特定的细胞因子来维持其功能。共培养和细胞间相互作用可模拟体内免疫细胞之间的相互作用，如淋巴细胞和单核细胞的共培养实验[15]。

美国印第安纳大学医学院医学与分子遗传学系、计算生物学和生物信息学中心的Zhou等[16]基于T细胞结合胰腺肿瘤类器官模型开发建立了一个新的高通量药物筛选平台，其研究成果于2023年发表在*Advanced Science*杂志上，题为“A T cell-engaging tumor organoid platform for pancreatic cancer immunotherapy”(《用于胰腺癌免疫疗法的T细胞结合肿瘤类器官平台》)。这项研究建立了一个标准化平台，可利用T细胞参与的胰腺肿瘤类器官进行高通量药物筛选和精准治疗。这些类器官可供研究人员在类似胰腺肿瘤的浸润性微环境中分析T细胞浸润和细胞毒性。通过模拟免疫细胞通过胰腺导管腺癌的物理屏障进行浸润，并保留原始肿瘤的细胞组成、组织结构和缺氧特点，这一模型有助于筛选与免疫检查点阻滞剂（ICB）联用的表观遗传靶向药物，用于PDAC的治疗。

3. 血管内皮细胞的培养　血管内皮细胞（vascular endothelial cell）是血管壁内衬的一种细胞类型，对于血管功能、血液-组织界面的维持及血管壁的调节具有重要作用。这类细胞的培养方法相对复杂，需要特定的培养基和条件以确保细胞健康和功能不被破坏[17]。血管内皮细胞通常使用专门设计的培养基，如内皮细胞培养基（ECGM）或其他含有特定生长因子和细胞因子的培养基。ECGM包含血管内皮生长因子（VEGF）、碱性成纤维细胞生长因子（bFGF）、表皮生长因子（EGF）、胰岛素、肾上腺皮质激素等。通常向培养基中添加10%～20% FBS或人血清，以提供额外的营养和生长因子。

血管内皮细胞可以参与血管生成、维持血管通透性等，对肿瘤的血供至关重要。血管内皮细胞可以从多种来源中分离，包括动脉、静脉和微血管等不同类型的血管组织[18]。首先从人体或动物组织中收集血管组织，接着将血管组织切成小片或小段，并使用适当的酶（如胰酶、胶原酶）对血管组织进行酶解，以释放内皮细胞。随后，过滤或离心分离单个细胞，特别是富含内皮细胞的微血管[19]。最后，通过管腔形成实验[20]、迁移实验[21]、细胞-细胞相互作用等，评估内皮细胞的功能状态和响应情况。

4.1.3 通过肿瘤类器官建立的复杂肿瘤模型课题设计

在类器官研究中，构建和应用复杂肿瘤模型是一项关键的研究工作，它旨在更真实地模拟肿瘤的复杂生态系统和微环境，以便深入探索肿瘤发展、治疗抵抗机制及新的治疗策略。构建复杂肿瘤模型的方法包含多细胞类型的组合，这些细胞类型在肿瘤的发展和治疗反应中起着重要作用。这里提供几个课题方向为计划开展共培养研究的读者做初步借鉴。

研究方向一 通过不同细胞组合共培养或用不同类型支架材料模拟肿瘤发生发展过程。

构建复杂肿瘤模型的方法通常是三维培养技术，即利用支架材料或生物反应器构建的三维复杂肿瘤模型，如球体培养、基质凝胶培养或器官芯片技术[22]；或将不同类型的细胞共培养，模拟肿瘤微环境的相互作用。利用模型观察肿瘤发生和发展的过程，可以揭示肿瘤与微环境的相互作用。

新加坡国立大学Edward Kai-Hua Chow研究团队[19]利用水凝胶系统分别建立了肝癌细胞系和患者来源的异种移植（PDX）衍生的类器官与内皮细胞共培养模型，以模拟和表征体外肝癌细胞和内皮细胞之间的血管分泌信号。研究人员在HA水凝胶基质中培养了肝癌PDX来源的类器官或细胞系和内皮细胞，通过RNA测序来分析内皮细胞对肝癌转录组的影响，同时评估了肝细胞癌（HCC）-内皮血管分泌串扰对巨噬细胞极化的影响。

该研究团队利用了肝癌PDX来源的类器官或细胞系和内皮细胞，然而实际上，可以用不同类型的肿瘤细胞和免疫细胞等进行共培养，并且可以通过选择不同的支架材料等，模拟不同的肿瘤微环境，深入研究类器官和微环境之间的相互影响。

研究方向二　应用复杂肿瘤模型进行药物筛选和治疗研究。

可以将复杂肿瘤模型用于药物筛选和治疗研究，评估不同药物对多种细胞类型的影响及其在模拟肿瘤微环境中的效果。通过实时细胞分析、荧光标记或其他细胞功能测定方法，可以监测药物在肿瘤细胞增殖、凋亡、侵袭和转移等方面的影响。

德国海德堡大学医院研究团队为评估CAF对肿瘤类器官药物敏感性的影响，使用基于图像的药物检测方法评估药物诱导的细胞死亡和增殖抑制。结果发现，CAF共培养后的类器官对3种药物作用产生了抵抗。

此外，肿瘤类器官与CAF共培养模型能够模拟更真实的肿瘤微环境，为个体化放疗策略的设计提供重要线索。通过研究CAF如何改变肿瘤细胞对放疗的反应，临床上可以采用更加精准的治疗方式，包括联合CAF靶向治疗（如使用抗TGF-β、抗基质金属蛋白酶抑制剂等），从而克服放射耐受性。

研究方向三　在复杂肿瘤模型中研究肿瘤细胞和其共培养的细胞或分泌物的相互影响。

通过肿瘤类器官共培养模型，研究肿瘤细胞与其共培养的细胞或分泌物的相互影响，是肿瘤生物学研究中的一个重要方向。这类模型不仅可以模拟肿瘤的生长、转移及其对治疗的反应，还有助于揭示肿瘤微环境中不同细胞之间的动态相互作用。

例如，肿瘤细胞通过分泌外泌体，将含有miRNA、mRNA等物质传递给周围细胞，影响它们的功能，从而促进肿瘤进展。Zsuzsanna Szvicsek发现，结直肠癌（CRC）类器官分泌的细胞外囊泡（EV）携带不同的蛋白质和miRNA，并证明了CRC发生的两个关键因素——*APC*突变和Ⅰ型胶原蛋白沉积，两者均能促进EV分泌。此外，成纤维细胞在缺氧条件下生成的EV促进了CRC类器官成球率。

此外，使用CRISPR/Cas9等基因编辑技术，可在肿瘤模型中引入或修复特定基因突变，从而更准确地模拟特定患者的肿瘤基因型。还可通过转染技术，如共电转染或病毒载体介导的转染，调控肿瘤细胞的基因表达和蛋白质水平，以研究其对治疗反应的影响。

4.1.4 总结与展望

在类器官研究中，复杂肿瘤模型的前景非常广阔，其发展与应用对于深入理解肿瘤生物学、开发新的治疗策略及推动个性化医疗具有重要意义。未来的研究将更加注重模拟肿瘤微环境中不同细胞类型之间（如肿瘤细胞与免疫细胞、成纤维细胞和血管内皮细胞之间）复杂的相互作用。这种模型能够更真实地反映肿瘤的异质性及其在体内复杂的生物学特性。从基因组学和转录组学分析角度来看，利用复杂肿瘤模型，可详细解析不同细胞亚群在肿瘤中的功能和基因表达特征。这种分析有助于揭示细胞的异质性和分子标志物，以及预测肿瘤进展和治疗反应。同时，通过建立患者特异性的复杂肿瘤模型，可以进行药物敏感性测试和预测，帮助医生选择最有效的个性化治疗方案。这种方法有望提高患者的治疗反应率和生存率。基于复杂肿瘤模型的研究成果，可以发现和验证新的治疗策略，如靶向特定信号通路的新药物、免疫疗法和联合治疗策略[23]。针对现有治疗效果不理想的肿瘤类型，这些策略有望改善患者预后。利用复杂肿瘤模型可以更好地建模特定类型和亚型的肿瘤，以探索其发展过程、预后因素和转移机制。这对于理解肿瘤的自然历史和疾病进展具有重要意义。

4.2 结合生物信息学的肿瘤进化模拟

4.2.1 概述

1. 生物信息学简介 生物信息学是一个融合了生物学、计算机科学和统计学的交叉学科。它致力于研究生物数据的处理、存储、分析与解释，其核心目标是通过计算机与信息科学技术处理和分析大量的生物数据，深化我们对生物系统的理解。从研究内容上看，该学科涉及算法与软件开发、癌症基因组学、药物发现与开发、表观基因组学、人类临床及个性化基因组学、高性能计算与大数据、分子进化、结构生物学、合成生物学，以及系统生物学等多个领域。主要研究方向包括序列比对、序列组装、基因识别、基因重组、蛋白质结构预测、基因表达、蛋白质反应的预测，以及建立进化模型等。

生物信息学在现代生物学研究中占据了举足轻重的地位。在临床应用中，生物信息学也发挥着关键作用。通过对患者的基因组数据进行分析，可以预测疾病风险、制定个性化治疗方案并监测治疗效果，推动个体化治疗和精准医学的发展。此外，生物信息学还在药物发现、疫苗研发及疾病诊断等领域取得了显著进展。

生物信息学的重要性不仅体现在其广泛的应用，还体现在其推动生物学研究的深度和广度方面。通过大规模的数据分析，生物信息学揭示了许多传统实验方法难以发现的生物学规律。随着高通量测序技术的快速发展，生物信息学将逐渐融入更多的研究领域，为研究人员提供更方便的工具、更强大的计算能力及更深入的分析。

2. 肿瘤克隆进化与异质性　肿瘤的发生过程目前存在多种理论，但最为广泛接受的观点是，大多数肿瘤起源于已转化为肿瘤的原始细胞——肿瘤干细胞，这些肿瘤干细胞具有无限增殖、多向分化及在体内外形成肿瘤的能力。肿瘤干细胞经过一系列的体细胞突变累积，形成了最初的肿瘤克隆。克隆群体在自然选择或外部压力的作用下不断获得新突变，从而形成了在单个肿瘤内部相关，但在遗传上可区分的后代亚群。这些亚群可能具有不同的基因组和表型特征，从而表现在肿瘤生长速度、侵袭能力、对药物的敏感性、预后等方面的差异，这也促使肿瘤在面对环境压力和治疗挑战时能够表现出极大的适应性和复杂性。这种肿瘤内异质性是恶性肿瘤的典型特征之一，也是肿瘤难以根除的主要原因之一[24]。

肿瘤异质性强调了肿瘤内部细胞的多样性和复杂性，不仅限于基因组水平的差异，还包括细胞的表达谱、代谢状态及功能特征的变化。在肿瘤微环境中，不同的细胞亚群可能表现出截然不同的生存策略和生物学行为。例如，某些亚群可能表现出较高的增殖速率，而其他亚群则可能更倾向于侵袭和转移（图4.4）。由于这种功能特征的差异性，肿瘤在面对不同治疗策略时表现出复杂的反应模式，其中一些亚群可能表现出耐药性，从而限制了治疗效果的持久性和彻底性。深入了解这些异质性，有助于研究人员更好地理解肿瘤的生物学本质，并为个性化治疗提供理论基础。

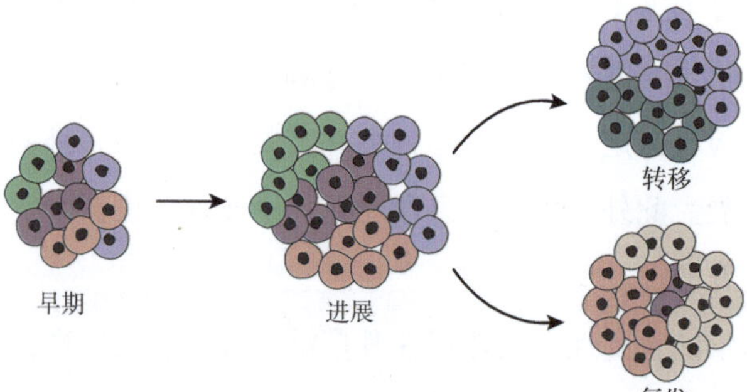

图4.4 肿瘤克隆的异质性

3. 类器官与肿瘤进化动态过程 类器官是一种先进的三维细胞培养模型，能够高度还原原始肿瘤的组织结构和功能特性，为研究肿瘤的克隆动态和进化提供了独特而强大的平台。与传统的二维细胞培养系统相比，类器官能够有效保留肿瘤内部的复杂异质性。这一特性使研究人员能够在类器官中观察并分析肿瘤内部不同克隆的动态变化，揭示其复杂的进化路径。

通过对不同时间点的类器官进行基因组和转录组测序，研究人员能够绘制出肿瘤克隆的演变图谱，深入分析肿瘤在不同阶段的克隆动态变化，并识别出关键的驱动基因和突变事件。利用类器官模型，研究人员可以追踪到肿瘤细胞在化疗压力下的克隆选择过程，揭示抗药性克隆的起源和演化路径[25]。

类器官也可以用于功能验证。通过基因编辑技术（如CRISPR/Cas9[26]）对类器官中的特定基因进行敲除或过表达，研究人员可以直接验证这些基因在肿瘤进化中的功能。这种方法有助于识别驱动肿瘤进化和抗药性的关键基因，并为靶向治疗提供科学依据。

此外，类器官结合肿瘤克隆进化在药物筛选和个性化治疗中也展现出了巨大的潜力。通过在类器官中测试不同的药物组合，研究人员可以识别出最有效的治疗方案。这种方法不仅能够揭示肿瘤克隆对药物的不同反应，还可以预测患者对治疗的反应，为个性化治疗提供依据。而利用患者来源的类器官配合肿瘤克隆进化分析进行药物筛选，有助于选择最适合的化疗药物，从而提高治疗效果。

类器官为研究肿瘤克隆动态过程提供了强有力的工具。通过结合基因组和转录组分析及基因编辑等技术，研究人员能够深入探索肿瘤的克隆异质性和进化机制。这不仅有助于揭示肿瘤进化的基本规律，还为开发新的治疗策略提供了重要的科学依据。

4.2.2　肿瘤进化相关的生物信息学技术与工具

1. 基因组水平　首先，全基因组测序（WGS）和全外显子组测序（WES）是基因组学分析中常用的技术之一。它们能够全面捕捉肿瘤基因组中的关键突变，包括单核苷酸变异（SNV）、小插入缺失（Indel）和拷贝数变异（CNV）及结构变异（SV）等。通过对肿瘤样本和匹配的正常样本进行基因组测序，可以深入分析肿瘤的遗传变异特征，识别出肿瘤特异性的突变和驱动基因。WGS通过对整个基因组的测序，提供了对非编码区域和基因组结构的全面视角，有助于发现影响基因调控和功能的潜在变异。而WES则专注于测序编码蛋白质的外显子区域，虽然覆盖面相对较窄，但更经济高效，特别适用于发现与蛋白质功能相关的致病变异。

其次，基于捕获的靶向测序（targeted sequencing）技术，通过对已知与癌症相关的基因进行深度测序，可以高效检测低频突变。这种方法特别适用于需要快速、经济地筛查大量样本的研究。靶向测序使用设计好的引物捕获感兴趣的基因组区域，有效减少了测序成本和数据分析的复杂性，同时提高了检测的深度和准确性，有助于研究人员精确分析肿瘤样本中特定基因的突变频率和类型，从而更好地理解肿瘤的分子特征和潜在驱动机制。

分析基因组数据的生物信息学工具涵盖了多个领域，从基本的序列比对到变异检测和注释。通常，用于将测序序列比对到参考基因组上的工具为Bowtie[27]和BWA[28]，变异检测工具包括GATK[29]和VarScan2[30]，突变注释工具有ANNOVAR[31]和VEP[32]等。

近年来，用于从基因组层面推断肿瘤克隆进化的生信信息学工具逐渐被开发出来，如PyClone[33]、LICHeE[34]、ClonEvol[35]、MOBSTER[36]、CONFIPHER[37]等，它们通过对肿瘤多区域或多时间点样本的测序数据进行分析，推断出肿瘤内不同克隆的进化关系（图4.5）。这些模型利用贝叶斯统计方法和其他计算技术，帮助研究人员描绘肿瘤克隆的演化树，从而更好地理解肿瘤的进化动力学。

最后，集成数据分析平台如cBioPortal和ICGC Data Portal，为研究人员提供了便捷的工具和资源，支持对来自不同研究的肿瘤基因组数据进行综合分析。通过这些平台，研究人员可以访问大量基因组数据，进行跨项目的比较和分析，揭示肿瘤进化中的共性和特性。

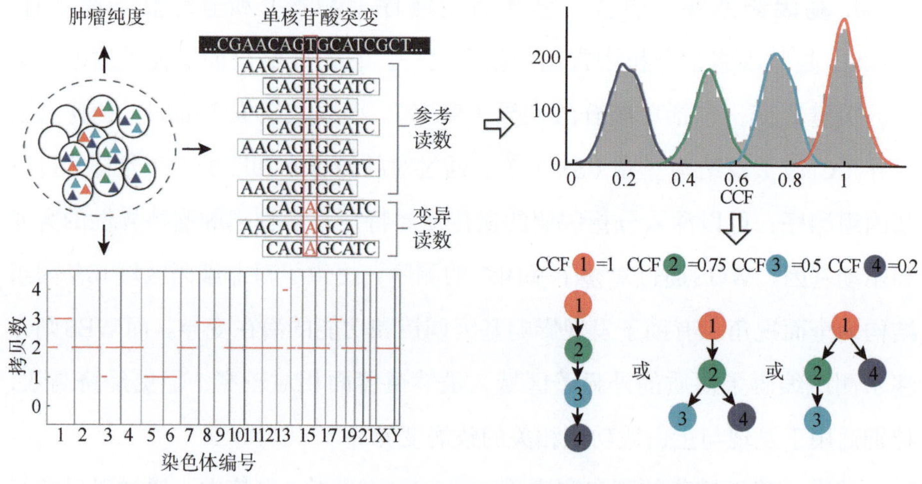

图4.5 从基因组测序数据中推断肿瘤克隆进化

CCF，癌细胞分数，表示该突变位点携带突变的肿瘤细胞占全部肿瘤细胞的比例

2. 转录组水平 转录组分析帮助研究人员分析肿瘤细胞的基因表达模式，揭示肿瘤内部不同细胞群体的功能状态和相互关系，从而深入理解肿瘤的动态变化和进化过程。RNA测序（RNA-seq）是研究转录组的核心技术。

RNA-seq通过检测细胞内所有转录本的序列和丰度，提供了全面的基因表达谱。它不仅可以识别已知基因的表达变化，还可以发现新的转录本、基因融合和可变剪接事件。

从RNA测序数据中进行序列比对的工具有STAR[38]和HISAT2[39]。用于基因表达差异分析的工具有DESeq2[40]和edgeR[41]。此外，定量PCR（qPCR）和数字PCR（dPCR）等技术也在转录组研究中发挥了重要作用。虽然这些技术的通量较低，但它们具有高度的灵敏度和特异性，适用于验证RNA-seq中发现的基因表达变化和突变事件。

转录组数据提供了基因表达的全面视图，可以帮助我们理解基因调控、细胞功能和疾病机制，已被广泛应用于研究肿瘤的异质性、进化和治疗响应。通过比较表达基因的图谱，可识别与耐药性和转移相关的基因，辅助推断肿瘤进化。

3. 单细胞水平　单细胞层面的分析在肿瘤进化研究中具有独特的重要性。该技术支持研究人员以单细胞分辨率解析肿瘤的基因组和转录组，从而揭示肿瘤内部的异质性和克隆结构，有助于深入理解肿瘤的动态变化和进化过程。

单细胞转录组测序（scRNA-seq）技术通过分析单个细胞的mRNA表达谱，揭示其基因表达状态和功能特性。与传统的批量测序相比，scRNA-seq能够在单细胞水平上解析肿瘤的基因表达谱，提供对肿瘤异质性和进化的深刻见解。scRNA-seq有多种实现方式。10×Genomics Chromium系统利用微滴技术，将单个细胞包裹在微滴中，并通过条形码标记每个细胞的mRNA，实现高通量的scRNA-seq；而Smart-seq2则通过逆转录和全长cDNA合成，提高了基因表达谱的覆盖率和定量准确性，适用于少量细胞或稀有细胞群体的分析。为了处理和分析scRNA-seq数据，研究人员开发了许多强大的生物信息学工具。Seurat[42]是一个用于单细胞转录组数据分析和可视化的R包，提供数据标准化、降维、聚类和差异表达分析等功能。Scanpy[43]是一个用于处理和分析大规模单细胞转录组的Python数据库，支持多种分析流程和可视化工具。

单细胞基因组测序（scDNA-seq）技术通过测序单个细胞的全基因组，

揭示其基因组变异图谱。实现技术包括简并寡核苷酸引物PCR（DOP-PCR）和多重置换扩增（MDA）。利用第三代测序数据长reads的优势，scDNA-seq通常能够更准确地识别CNV，但在SNV检测方面效果略逊，且测序错误率较高。常用工具有Ginkgo[44]和SCITE[45]，可用于分析scDNA-seq数据，识别单细胞中的突变事件。

此外，空间转录组测序（spatial transcriptomics sequencing，ST-seq）技术能够在保留组织空间信息的情况下测定基因表达。这对于研究肿瘤进化尤为重要，因为肿瘤细胞的空间异质性和微环境的影响在肿瘤的发生、发展和耐药性中起关键作用。通过ST-seq，研究人员能够深入解析肿瘤进化的空间维度，揭示不同克隆和细胞类型在肿瘤微环境中的动态变化及其相互作用[47]。这不仅有助于研究人员理解肿瘤的发生和发展机制，还能为个性化治疗和精准医学提供新的思路和方法。

RobustClone[46]是一种无模型方法，可应用于单细胞单核苷酸变异（scSNV）和单细胞拷贝数变异（scCNV）数据。它基于扩展鲁棒主成分分析、低秩矩阵分解方法来恢复亚克隆的真实基因型，并重建亚克隆进化树，对于大规模数据集来说是高效且可扩展的。

4.2.3 类器官结合生物信息学的肿瘤进化研究方向

了解了类器官在肿瘤克隆动态过程中发挥的作用，以及肿瘤进化相关的生物信息学技术与工具之后，这里将给出几个结合生物信息学与肿瘤类器官研究肿瘤克隆进化的方向。这是一个创新研究领域，目前全世界范围内主要有两个实验室从事相关研究，一个是英国伦敦癌症研究所进化与癌症中心Andrea Sottoriva教授带领的团队，其主要研究方向是开发新的计算方法来显示患者癌症的演变情况，目的是预测疾病的未来进程。Andrea团队将源自患者的类器官模型和多组学数据与进化方法相结合，设计出旨在预防和控制耐药性的新治疗策略。另一个是美国华盛顿大学丁莉教授带领的团队，其主要研究方向是整合癌症蛋白质组学（包括单细胞和空间组学）、患者来源的肿瘤模型、功能基因组学和药物开发，以推进癌症生物学和精准医学。笔者研究团队将两个领域结合，以肿瘤类器官为载体研究肿瘤进化动态过程，开发了基于DNA测序数据的新算法，旨在推动精准医疗的发展。希望通过下列内容给致力于在该领域研究的读者提供些许思路。

研究方向一　基于类器官平台的药物敏感性与耐药性研究揭示肿瘤进化中的关键靶点。

药物敏感性的研究关注不同药物对肿瘤细胞的效果，其结果常常受到肿瘤内部异质性和细胞间相互作用的影响。类器官技术不仅包括肿瘤细胞自身的多样性，还能够在一定程度上模拟其与周围微环境的相互作用，从而更准确地预测不同药物在特定肿瘤环境下的疗效。

在肿瘤进化的背景下，肿瘤细胞往往经历遗传和表观遗传学上的多样性和变化，这些变化可能会导致肿瘤产生耐药性。类器官技术为研究肿瘤进化过程提供了一个理想的实验平台。通过整合高通量测序和高通量显微成像等先进技术，研究人员可以追踪和分析不同肿瘤亚群体在药物处理过程中的动态变化。这种综合方法不仅可以帮助揭示耐药机制的分子基础，还有助于发现潜在的治疗靶点和个性化治疗策略。

例如，最近的研究显示，利用类器官技术并结合高通量药物筛选平台，可以有效评估不同药物对肿瘤细胞群体的影响，并揭示肿瘤进化中的潜在治疗靶点[48]。这种方法不仅可以在体外验证药物的有效性，还能够为临床研究提供重要的预测指标和策略。在实际应用中，药物敏感性研究结合类器官技术有助于优化个性化治疗方案的设计。通过分析不同肿瘤患者的类器官模型反应，医生可以根据患者的具体情况调整药物的类型和剂量，从而提高治疗效果。

研究方向二　类器官技术结合肿瘤进化研究放疗抵抗机制与个性化治疗策略。

放疗作为肿瘤治疗的重要手段，常常面临治疗效果不佳和放疗抵抗问题。放疗可以有效杀伤肿瘤细胞，但部分肿瘤细胞可能通过DNA修复机制或其他途径耐药，从而导致治疗失败或疾病复发。这种治疗抵抗机制的形成与肿瘤细胞的遗传变异和进化密切相关[49]。

类器官技术为研究放疗抵抗机制提供了一个全新的平台。这种技术不仅可以更真实地模拟肿瘤内部的复杂生态系统，还能够提供一个动态的研究平台，观察和分析肿瘤细胞对放疗的反应变化。放疗对肿瘤细胞群体的影响可能导致选择性压力，促使具有耐放性的亚群体增长和扩散。类器官技术可以帮助研究人员模拟并分析这一过程，从而理解不同克隆亚型在放疗条件下的生存策略和进化动态。通过结合单细胞测序和生物信息学分析，可以揭示放疗对肿瘤细胞遗传和表观遗传学变化的影响，进一步解析放疗抵抗的形成机制。

研究表明，不同类型的肿瘤在放疗后会表现出复杂的进化动态，其中某些克隆亚型可能逐渐占据主导地位，甚至在治疗后重新成为主要的肿瘤细胞群体[50]。对这种进化过程的理解有助于设计更有效的放疗策略，尤其是在个体化治疗中。根据肿瘤的遗传特征和进化动态调整治疗方案，能够显著提高治疗效果和改善患者预后。

关于综合放疗、类器官技术和肿瘤进化分析的研究不仅为基础科学研究提供了新的实验模型和数据支持，还为转化医学研究和临床应用奠定了重要的理论基础。通过深入探索肿瘤在放疗过程中的动态变化和进化机制，有望更精确地预测治疗效果，开发更具个性化和精准性的治疗方案，为提高患者的生存率和生活质量做出贡献。

研究方向三 基于类器官模型研究肿瘤缺氧微环境对克隆进化与药物反应的影响。

缺氧条件在肿瘤微环境中普遍存在，对肿瘤细胞的生存、进化和药物反应具有重要影响。在肿瘤研究中，结合缺氧和常氧条件的模拟及类器官技术的应用，能够提供更真实和动态的研究平台，帮助揭示肿瘤在不同氧气环境下的生物学特性和进化动态。

缺氧条件对肿瘤生物学的影响是复杂而多样的。在肿瘤生长过程中，快速增殖的癌细胞可能导致局部缺氧，从而促进肿瘤微环境的酸化和血管生成不足[51]。这种缺氧状态不仅改变了肿瘤细胞的代谢途径和基因表达模式，还可能导致肿瘤细胞对治疗的抵抗性增强[52]。类器官能够模拟复杂的肿瘤微环境，包括缺氧区域的形成和维持。这种技术不仅可以重现肿瘤细胞在不同氧气条件下的生长特性，还能够模拟肿瘤内部异质性的动态变化。例如，研究人员可以通过控制培养条件，模拟肿瘤中心的缺氧区域和边缘的常氧区域，进一步探讨肿瘤细胞在不同环境中的行为和生存策略。

缺氧条件被认为是肿瘤微环境中的一种重要选择性压力，它不仅影响肿瘤细胞的代谢，还可能改变肿瘤与免疫系统之间的相互作用，进而促进血管生成、肿瘤增殖及耐药性增加（图 4.6）。类器官技术为研究这些进化动态提供了高分辨率的实验模型，通过肿瘤克隆进化分析模型，可以深入分析不同亚群体在缺氧和常氧条件下的遗传和表观遗传学变化。这些研究不仅有助于理解肿瘤在治疗过程中的耐药机制，还为开发针对性治疗策略提供了新的思路。

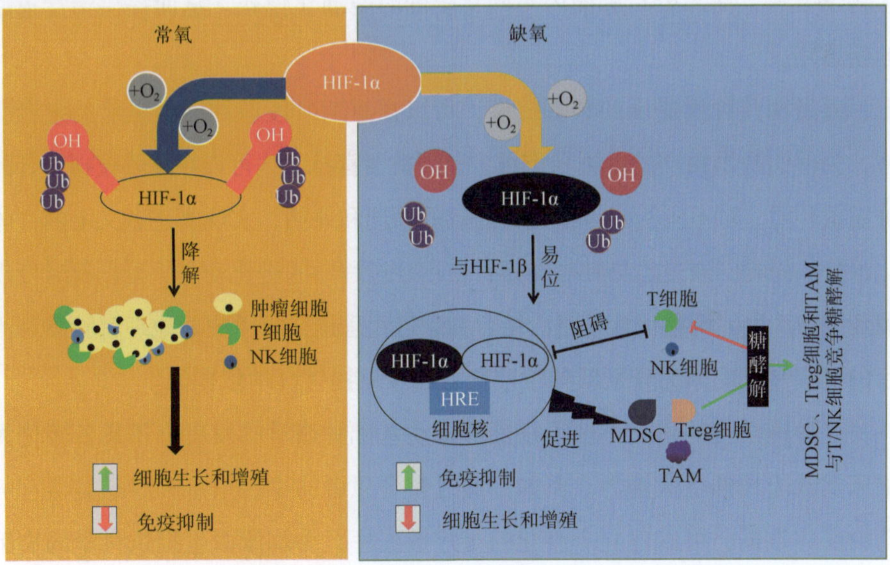

图 4.6　肿瘤微环境内的缺氧会影响肿瘤-免疫相互作用[53]

常氧情况下，低氧诱导因子（HIF）-1α被泛素化（Ub）修饰进而降解，T细胞、NK细胞等会发挥免疫作用抑制肿瘤生长。缺氧条件下，HIF-1α的泛素化降解受到抑制，在细胞核中与HIF-1β形成复合体，阻碍T细胞及NK细胞正常功能，使免疫受到抑制。MDSC. 髓源性抑制细胞；Treg细胞. 调节性T细胞；TAM. 肿瘤相关巨噬细胞；HRE. 低氧反应元件

研究方向四　类器官模型与大数据融合研究肿瘤进化和治疗反应的个性化预测。

肿瘤进展预测是一项旨在根据患者的分子特征和临床数据，预测肿瘤发展方向和治疗反应的前沿技术。其核心目标是通过多种数据源（如基因组学、转录组学、表观组学等）来预测患者肿瘤进展。这种预测需要借助大数据分析和机器学习算法，将个体患者的分子特征与临床结果进行关联，以建立个体化的预测模型。

肿瘤细胞的进化不仅仅是基因组变异的结果，还涉及微环境的影响、细胞间相互作用及对外界压力的响应。类器官技术通过体外培养细胞形成的三维结构，能够更真实地模拟肿瘤内部的复杂生态系统，包括细胞间的相互作用、信号转导和药物反应。通过类器官，研究人员可以在体外模拟肿瘤的生长和进化过程，探索其对治疗的响应和耐药机制。再结合高通量测序和计算生物学方法，深入分析肿瘤内不同克隆的时空演化模式，从而提供治疗策略的新思路。

通过构建肿瘤进展的预测模型，可以在早期阶段识别出高风险的患者群体，为他们提供精准的监测和干预。利用类器官技术，可以在体外模拟患者的肿瘤微环境，对不同治疗方案进行高效的筛选和评估，实现真正意义上的个体化治疗。同时，通过监测肿瘤类器官在治疗过程中的进化动态，可以及时发现耐药性的产生，调整治疗策略。结合肿瘤进化理论，可以更好地理解肿瘤对治疗的适应性反应，为开发新的治疗靶点和策略提供科学依据。

这种跨学科的研究方法不仅能够推动基础肿瘤学的发展，还具备转化为临床实践应用的巨大潜力。例如，通过整合患者的遗传信息和肿瘤类器官的药物反应数据，可以建立个性化的治疗数据库，为临床医生提供科学的决策支持。此外，随着AI和机器学习技术的引入，未来有望实现自动化的数据分析和模型优化，进一步提高预测的准确性和治疗的个性化水平。

4.2.4 类器官结合生物信息学的肿瘤进化研究应用案例

1. 乳腺癌 表现出复杂的分子和细胞异质性，这种异质性影响了疾病的进展和治疗效果。最近的类器官模型技术与生物信息学的结合为了解这种异质性及其对临床管理的影响提供了新的见解。乳腺癌以不同的遗传变异和细胞表型变化为特征，其生物学特征对治疗效果和患者预后具有重要影响。传统模型往往难以充分捕捉这种复杂性。来源于患者肿瘤的三维类器官在体外重现肿瘤结构和功能特征，不仅能够更真实地模拟肿瘤的复杂结构，还能够保留原始肿瘤样本的遗传和表型特征。随着生物信息学技术的不断发展，研究人员能够对类器官进行高通量分析，从而揭示肿瘤进化及其对治疗抗性的关键机制。通过基因组测序和转录组分析，研究人员能够识别不同亚克隆群体之间的遗传变异和进化模式，为深入理解肿瘤的异质性提供了强有力的支持。这些技术的进步不仅促进了乳腺癌研究的深入，也为个性化治疗的制定和临床决策提供了重要的科学依据。

Nishimura 等[54]使用乳腺癌类器官研究乳腺癌及其相关克隆的进化历史。该研究通过全基因组测序和激光捕获显微切割（LCM）技术，分析了乳腺癌、良性乳腺病变和正常腺泡的克隆演化过程。该研究中使用的类器官是通过LCM从乳腺癌和相关病变样本中获取的微小样本，包括癌组织、良性病变和正常乳腺组织。首先，研究人员从乳腺癌患者的正常乳腺组织或哺乳期妇女提供的乳汁中分离出表皮细胞黏附分子（EpCAM）阳性细胞，并建立了71个单细胞衍生的类器官。通过对这些类器官进行全基因组测序，研究人员估计了正常乳腺上皮细胞中的突变积累速率。这为后续分析提供了基线数据，并为了解乳腺癌克隆进化的时间轴提供了重要线索。接下来，研究人员利用类器官的方法重构了包括乳腺癌和非癌克隆的系统发生树，以揭示乳腺癌的整个过程。对癌组织、相关良性病变和正常乳腺组织的多个微小样本进行了全基因组测序，并在系统发生树中进行了比较和分析。这种方法使研究人员能够追踪乳腺癌从非癌克隆起源到获得癌症表型的整个过程，并揭示了乳腺癌克隆进化的时间和空间模式。

通过类器官的应用，研究人员发现了乳腺癌演化的一些重要特征。他们观察到乳腺癌中存在多个独立的癌症始祖，这对肿瘤内部的异质性研究有重要贡献。他们发现早期癌症事件的数量与组织学类型无关，这表明了局部微环境和（或）表观遗传驱动事件的作用。此外，研究人员还发现，癌症克隆和非癌症克隆共同演化，取代了原有的乳腺上皮组织，并在乳腺组织中占据了较大的区域。

2. 肺癌　作为世界范围内最常见的癌症之一，肺癌的治疗和研究面临着巨大的挑战，特别是在理解肿瘤进化和治疗反应方面。类器官技术和生物信息学的结合为揭示肺癌的复杂进化过程提供了新的洞见和可能性。肺癌具有广泛的分子异质性和细胞异质性，包括不同亚型的基因组变异和表型特征，这直接影响了肿瘤的生长、转移和治疗反应。传统的肿瘤模型难以全面模拟这种复杂性，而类器官模型则能够更真实地反映肿瘤的多样性和进化轨迹。

Surina等[55]使用患者来源的类器官模拟肺癌的演进。该研究重点关注患者来源的类器官（patient-derived organoid，PDO）和患者来源的球状体（patient-derived spheroid，PDS）如何模拟肺癌的演进过程。肺癌细胞与正常细胞在遗传突变和基因表达上存在显著差异。研究人员通常使用的癌细胞系在离体培养时会积累遗传突变，与患者体内情况存在差异。相比之下，患者来源的癌细胞及其直接后代在离体培养中受到的人为干扰较少，因此更适合用于研究癌症发展过程中的病理学变化。

研究人员从8例患者的恶性胸腔积液中分离出患者来源的癌细胞，并建立了PDS和PDO。通过形态学观察，研究人员推测PDS可能是癌症局部进展的模型，而PDO可能是癌症远处转移的模型。基因表达谱在PDS和PDO之间存在差异：与炎症反应和上皮-间充质转化（epithelial-mesenchymal transition，EMT）相关的基因集在PDS或PDO中呈相反的调节。PDS表现出增强的信号通路，有助于促进TGF-β诱导的EMT，而PDO表现出减弱的信号通路。综合来看，PDS和PDO在与免疫系统和基质的相互作用方面存在差异。PDS和PDO提供了一个模型系统，可以深入研究癌细胞在体内的行为。

通过RNA测序技术，研究人员对PDS和PDO的基因表达谱进行了深入分析。研究结果揭示了未来癌症研究的焦点，并为解析癌症发展过程中的生物学机制提供了线索。此外，该研究还介绍了如何利用患者获得癌细胞建立PDS和PDO的方法。研究人员从恶性胸腔积液中分离出癌细胞，并通过与饲养细胞的共培养或在基质中培养的方式建立PDS和PDO。这些技术为癌细胞的扩展提供了可能，在肿瘤研究中具有重要作用。PDO和PDS模型可以更好地模拟肺癌的演进过程。这些模型不仅可以更准确地反映癌细胞的行为，还有助于深入探究癌细胞与免疫系统和基质的相互作用，为个体化癌症治疗的研究提供重要平台。

4.2.5　总结与展望

1. 类器官用于肿瘤进化研究的局限性　通过类器官研究肿瘤进化在近年来取得了显著的进展，但仍然存在诸多局限性。首先，类器官中的细胞间相互作用、基质成分及血管生成等关键因素在体外环境中难以完全复制，这限制了其在研究肿瘤进化过程中的应用。

其次，类器官肿瘤模型的建立和维持依赖于特定的培养条件和生长因子，相关变化可能影响实验结果的可重复性和稳定性。不同实验室使用的培养基成分和培养条件可能存在差异，从而导致类器官生长速度、形态及基因表达谱的差异。这种可变性增加了研究结果的复杂性，使得不同研究之间的比较和验证变得困难。

再次，类器官模型的遗传稳定性也是一个值得关注的问题。虽然类器官能够在体外长期培养和扩增，但可能会发生突变和遗传漂变，导致模型的基因组特性发生变化。这种遗传不稳定性可能影响研究结果的准确性，特别是在研究肿瘤的进化和耐药机制时，这一问题尤为突出[57]。

最后，类器官模型在模拟肿瘤微环境中的免疫成分方面也存在显著不足。肿瘤微环境中的免疫细胞在肿瘤进化和治疗反应中起着关键的作用。然而，当前的类器官模型通常缺乏完整的免疫成分，造成研究肿瘤免疫逃逸和免疫治疗反应的相关机制困难重重。

2. 类器官结合生物信息学推动肿瘤进化的进一步研究　类器官与生物信息学的结合为肿瘤进化研究提供了新的视角和工具，极大地推动了该领域的发展。类器官模型因其能够在体外模拟肿瘤的三维结构和功能特性而成为研究肿瘤生物学和进化的重要工具。通过将类器官模型与生物信息学方法结合，研究者能够更深入地理解肿瘤的异质性、进化机制及其对治疗的反应。生物信息学在类器官研究中的应用主要体现在数据的生成、分析和解读方面。类器官培养过程中产生的大量多组学数据（如基因组、转录组、蛋白质组和代谢组数据）需要通过生物信息学方法进行系统分析。通过对这些数据的整合和挖掘，研究者能够识别出肿瘤进化过程中关键的驱动基因、信号通路和分子网络。这不仅有助于理解肿瘤的发生发展机制，还为个体化治疗方案的制定提供了科学依据。

此外，生物信息学工具在类器官研究中还发挥着重要的预测和模拟作用。通过构建肿瘤类器官的计算模型，研究者可以模拟基因突变、药物处理和微环境变化对肿瘤生长和进化的影响。这种模拟不仅提高了实验设计的效率，还为治疗靶点的发现提供了新的思路。例如，研究者可以通过计算模拟预测不同药物组合的协同效应，从而指导类器官实验，验证其疗效和作用机制。类器官与生物信息学的结合还促进了高通量药物筛选和耐药机制研究。利用生物信息学方法，研究者可以对大量药物筛选数据进行分析，识别出潜在的耐药机制和生物标志物。通过将这些信息与类器官模型结合，研究者可以验证耐药基因和信号通路的功能，探索克服耐药的策略。这样的研究模式不仅提高了药物筛选的效率和准确性，还为开发新的抗肿瘤药物提供了理论依据。

生物信息学在类器官研究中的应用促进了个体化医疗的发展。通过对患者来源的类器官模型进行多组学分析，研究者能够识别出个体肿瘤的特异性基因突变和分子特征。这些信息可以用于指导个体化治疗方案的制定，提高治疗效果。通过系统地整合和分析多组学数据，研究者能够深入揭示肿瘤的异质性和进化机制，探索新的治疗靶点和策略。

3. 多组学数据在类器官研究中的整合　肿瘤的复杂性和异质性要求研究者在类器官研究中整合多种组学数据，包括基因组、转录组、蛋白质组和代谢组数据，以全面揭示肿瘤的分子特征和动态变化（图4.7）。

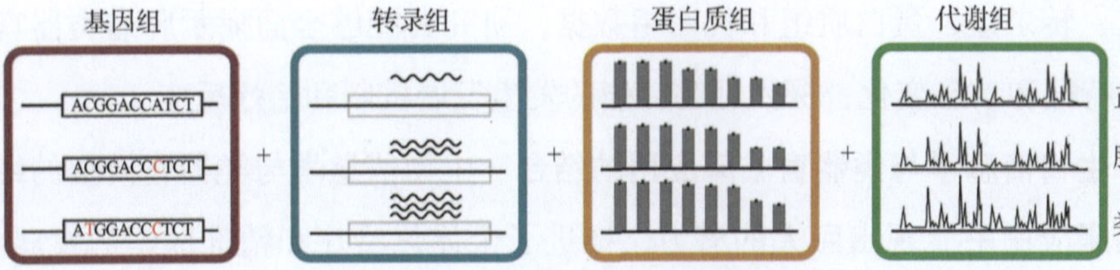

图 4.7　类器官结合多组学数据

基因组学数据为类器官研究提供了肿瘤的遗传背景。通过基因组测序，研究者可以识别出肿瘤类器官中的基因突变、拷贝数变异和结构变异。这些遗传变异往往是肿瘤发生和发展的驱动因素。结合基因组学数据与类器官模型，研究者能够更精准地模拟不同基因突变对肿瘤生长和进化的影响，从而深入理解肿瘤的遗传基础。

转录组学数据提供了关于基因表达的信息，揭示了类器官中基因表达的动态变化。通过 RNA 测序，研究者可以获得类器官在不同条件下的基因表达谱，进而识别与肿瘤进化和治疗反应相关的关键基因和信号通路。转录组学数据的整合有助于揭示基因表达调控的复杂网络，帮助研究者理解不同基因之间的相互作用及其在肿瘤进化中的作用。

蛋白质组学数据为类器官研究提供了蛋白质表达和修饰的信息。蛋白质作为执行细胞功能的主要分子，其表达水平和功能状态直接影响细胞的生理和病理过程。通过质谱分析，研究者可以获得类器官中蛋白质的表达谱，识别出与肿瘤进化和治疗反应相关的关键蛋白和信号通路。蛋白质组学数据的整合有助于理解基因表达与蛋白质功能之间的关系，揭示蛋白质在肿瘤进化中的作用。

代谢组学数据提供了关于代谢物水平和代谢通路的信息。肿瘤细胞的代谢特征在很大程度上决定了其生长和生存能力。通过代谢组学分析，研究者可以获得类器官中代谢物的表达谱，并推导肿瘤细胞的代谢变化和调控机制。代谢组学数据的整合有助于理解代谢通路在肿瘤进化和治疗反应中的作用，为发现新的治疗靶点和策略提供依据。

总之，多组学数据的整合在类器官研究中具有重要意义。通过系统整合基因组、转录组、蛋白质组和代谢组数据，研究者能够全面揭示肿瘤类器官的分子特征和动态变化，深入理解肿瘤的发生发展机制和治疗反应。

4. 生物信息学与类器官临床应用的结合　生物信息学与类器官模型的结合在临床应用中展现出巨大的潜力，推进了个体化治疗和精准医学的发展。类器官模型能够在体外模拟患者肿瘤的三维结构和功能特性，因此成为评估药物反应、研究耐药机制和探索新治疗策略的理想工具。通过将生物信息学方法应用于类器官研究，研究者能够整合和解析大量的多组学数据，从而深入探究肿瘤的分子特征和动态变化，为临床决策提供科学依据。

在个体化治疗方面，生物信息学工具在类器官模型中的应用显著提高了治疗方案的精准度和效果。通过对患者来源的类器官进行基因组、转录组、蛋白质组和代谢组等多组学数据的系统分析，研究者可以全面了解肿瘤的分子特征，识别出与治疗反应相关的关键基因和信号通路。例如，通过全基因组测序，研究者可以识别出某一患者肿瘤的特定驱动突变，并在类器官模型中验证这些突变的功能及其对药物的敏感性。转录组和蛋白质组数据的结合进一步揭示了基因表达调控和蛋白质功能状态的复杂网络，这为选择最适合该患者的药物组合提供了重要依据。

此外，生物信息学与类器官模型的结合在耐药机制研究中也发挥了重要作用。耐药性是临床治疗中面临的重大挑战。通过多组学数据的整合分析，研究者可以识别出耐药相关的基因突变、表达变化和代谢通路。类器官模型在这一过程中提供了一个理想的平台，用于验证耐药机制和探索克服耐药策略，这不仅提高了研究者对耐药机制的理解，还为开发新的抗肿瘤药物提供了理论基础。

生物信息学还在类器官模型的高通量药物筛选中发挥着关键作用。通过构建药物反应的计算模型，研究者可以预测不同药物对类器官的作用效果，从而提高药物筛选的效率和准确性。通过机器学习算法，研究者可以分析大量的药物筛选数据，识别出潜在的药物靶点和作用机制，并在类器官模型中进行验证。这种方法不仅加速了新药的研发，还为个体化治疗方案的制定提供了有力支持。此外，生物信息学与类器官模型的结合在肿瘤微环境的研究中也展现出重要价值。肿瘤微环境中的免疫细胞、基质成分和血管生成等因素在肿瘤进化和治疗反应中起着重要作用。通过多组学数据的整合，研究者可以全面了解肿瘤微环境的动态变化，探索免疫逃逸和免疫治疗反应的机制。

生物信息学与类器官模型的结合为临床应用提供了强大的工具和方法。通过系统整合多组学数据，研究者能够全面揭示肿瘤的分子特征和动态变化，深入探索肿瘤的发生发展机制和治疗反应。这不仅提高了个体化治疗的精准度和效果，还为探索耐药机制、开发新药和优化治疗策略提供了坚实的科学基础。未来，随着生物信息学技术和类器官培养方法的不断进步，二者的结合将为临床应用带来更多的创新和突破。

4.3　生物材料结合肿瘤类器官的研究

肿瘤类器官作为细胞系和动物模型之间的过渡，可以很好地在体外重现体内肿瘤的病理生理特征[58]。自肿瘤类器官建立以来，研究人员开发了多种方法来优化培养条件，尤其是随着合成生物学和AI的逐渐发展，越来越多的新技术应用于生物材料领域，可以更好地模拟肿瘤的生长。生物材料科学和肿瘤类器官生物学的进一步发展，将为这一领域实现更多的突破。总而言之，生物材料与肿瘤类器官的结合为肿瘤的研究和治疗提供了一个强大的工具，它不仅能够模拟肿瘤在体内的复杂性，还能为新药开发、个性化医疗及再生医学提供强有力的证据支撑[59]。目前肿瘤类器官结合支撑其培养的支架材料相关热点研究方向总结起来主要有3个方面。

1. 通过共混水凝胶材料构建互穿网络优化材料的性能，即研发具有良好生物相容性、可调节物理力学性质及生物活性的新型支架材料。其中最为常见的为互穿网络水凝胶，这是一种由两种或两种以上不同类型的聚合物通过相互缠结、穿插，且至少有一种聚合物分子链以化学键的方式交联而形成的具有特殊网络结构的水凝胶。例如，已经有报道的透明质酸/海藻酸盐双网络水凝胶（HADR），与肝脏生理力学相兼容，可促进细胞的黏附与增殖，其营造的类似天然肿瘤微环境使肝癌类器官的耐药性强于二维培养模型，且多柔比星（DOX）治疗能够抑制肿瘤细胞的生物学行为，为个性化药物筛选和疗效评估提供了新策略[60]。此外，也有关于Matrigel和Ⅰ型胶原共混的研究报道[61]。共混水凝胶的优势包括具有良好的生物相容性、可调节的物理性能，其甚至还可以进行生活信号的调控及参与空间结构和营养物质的传输。例如，一些共混水凝胶能够释放生物活性离子或因子，可通过多种信号通路调节干细胞的功能，促进类器官的发育。水凝胶的三维网络结构有利于营养物质、氧气等的传输和代谢废物的排出，为类器官内部细胞的生长和分化提供良好的物质交换条件，同时其空间结构也有助于细胞的自组织和分化，形成类似体内器官的结构和功能[62]。这种支架材料的制备通常较为容易，方法包括溶液共混法、乳液聚合法、溶胶-凝胶法。使用这种材料培养肿瘤类器官的目的是模拟人体特定器官的基质环境在肿瘤发展过程中的生理力学性能，探究癌细胞和基质重塑后肿瘤细胞亚群之间的生物学特征差异。

2. 用合成基质支架材料替代动物源性支架材料。尽管基质胶在类器官培养中发挥了关键作用，但也存在一定的局限性。首先，传统基质胶在很大程度上会限制对类器官-微环境相互作用的研究，并且面临着培养可重复性及临床转化的问题。其次，基质胶的成分主要包括层粘连蛋白、Ⅳ型胶原和巢蛋白，由小鼠EHS细胞分泌[63]。研究人员对不同批次的EHS基质进行分析，鉴定出超过1500种独特的肽和蛋白质，这种差异不利于实验的可重复性[64]。此外，在EHS基质复杂的蛋白质混合物中，研究人员发现仅有53%的蛋白质在各批次中保持一致。这种不一致性在一定程度上会影响类器官的培养，并且使临床转化变得更加困难[65]。最后，合成水凝胶虽有望替代现有的动物来源支架材料来解决上述问题，但是非生理机械特性限制了肿瘤干细胞的生长或分化。因此，合成支架材料的研究一般都是通过设计一种能模拟天然细胞外基质应力松弛特性的水凝胶，促进类器官的发育。例如，Antonius Chrisnandy等设计合成了一种新型混合水凝胶用于促进体外器官形成。首先合成含可逆氢键的聚乙二醇（PEG）-胞嘧啶前体，随后将前体与 8 - PEG-TH 共聚制备混合水凝胶（Hybrid50），Hybrid50在生理条件下能快速形成且稳定性良好，具有应力松弛特性，该特性可通过调节物理交联比例调控，且与天然细胞外基质的应力松弛特性相似。在小鼠肠道类器官培养中，Hybrid50 水凝胶在自我更新条件下与 Matrigel 中小鼠肠道干细胞（mISC）集落形成效率相似，在分化条件下能促进更高水平的出芽和形态发生，影响早期对称破缺，增强相关基因表达。将可按需降解的基序引入水凝胶网络，用于人小肠类器官长期培养，虽扩增效率低于 Matrigel，但可维持多细胞模式和分化能力。研究结果表明，该合成水凝胶在类器官培养中具有重要意义和应用潜力[66]。

3. 用脱细胞外基质直接模拟肿瘤微环境。尽管天然聚合物支架得到了广泛的应用和快速的发展，但由于较高的免疫原性、无法模拟体内微环境及缺乏类似于天然器官/组织的机械或生化性能，其应用范围十分有限。此时，脱细胞外基质（dECM）支架的出现为克服这些障碍提供了一种创新的方法。该支架通过去除细胞成分，保留了原始组织的细胞外基质结构和生物活性成分，从而提供了一个有利于细胞黏附、增殖和分化的三维环境，dECM 支架的制备方法多样，包括物理、化学和生物方法的单独使用或组合使用，以确保细胞有效去除的同时保留细胞外基质的结构和功能。在类器官研究领域中，dECM 支架展现出了多方面的优势。它们不仅能够模拟天然组织的三维结构，还能够提供必要的生物化学信号，促进类器官的再生和修复。此外，dECM 支架的免疫原性较低，这在很大程度上减少了宿主免疫排斥反应的风险，使其在临床应用中具有较高的安全性。特别是在再生功能器官/组织方面，基于 dECM 的细胞接种构建体，尤其是干细胞再细胞化构建体被认为是理想的选择。这些构建体能够模拟体内微环境，提供类似于天然器官/组织的机械或生化性能，从而增强其修复能力[67]。但是脱细胞的过程在一定程度上可能损害细胞外基质的结构和生物活性，同时存在免疫原性和病原体传播风险，且在质量和功能恢复上存在不一致性。总之，dECM 致力于构建更接近体内真实肿瘤微环境的支架材料，以更好地反映肿瘤细胞在体内的生长、增殖和对药物的反应，为药物筛选和个性化治疗研究提供更可靠的平台。

了解了当前研究热点后，我们结合肿瘤类器官当前面临的问题提出未来热点方向，供读者参考。

研究方向一 开发免疫调节性支架材料。

随着免疫治疗在肿瘤治疗中的重要性日益凸显，开发免疫调节性支架材料对于深入研究肿瘤免疫机制和优化免疫治疗方案具有重要意义。这种材料能够在体外构建更接近真实肿瘤免疫环境的模型，为筛选和评估新型免疫治疗药物、预测患者对免疫治疗的反应提供更准确的平台，从而推动免疫治疗的个性化发展，提高肿瘤治疗的效果和患者的生存率。因此，读者可以研究开发具有免疫调节功能的支架材料，以促进肿瘤类器官与免疫细胞之间的相互作用，更好地模拟肿瘤免疫微环境。例如，在支架材料中负载免疫调节因子、趋化因子或免疫检查点抑制剂等，吸引和激活免疫细胞，增强其对肿瘤类器官的识别和攻击能力。同时，还可以对支架材料进行表面修饰，使其能够调节免疫细胞的黏附、迁移和活化状态。

研究方向二 开发多细胞共培养支架材料。

肿瘤的发生发展是一个涉及多种细胞类型相互作用的复杂过程，多细胞共培养模型能够更全面地反映肿瘤的生物学特性和模拟微环境组成。使用多细胞共培养支架材料，可以深入研究肿瘤细胞与周围细胞之间的相互作用机制，为开发基于细胞间相互作用的新型肿瘤治疗策略提供理论基础。此外，这种模型还有助于评估联合治疗方案的疗效，为临床治疗中多种治疗手段的合理搭配提供参考。因此，设计适合肿瘤类器官与多种细胞类型（如免疫细胞、血管内皮细胞、成纤维细胞等）共培养的支架材料也是一个非常具有创新性的研究方向。需要考虑不同细胞类型的生长需求和相互作用，优化支架的物理结构和化学组成，以实现多种细胞在支架上的有序生长和功能协同。例如，构建具有不同孔隙结构和表面性质的多层支架，分别满足不同细胞的附着和生长要求，同时通过调控支架的通透性和细胞因子的分布，促进细胞间的信号交流和物质交换。

研究方向三 研发可降解与再生支架材料。

在肿瘤治疗中，如何减少治疗对正常组织的副作用并促进组织修复是一个重要的研究方向。可降解与再生支架材料不仅为肿瘤类器官的培养提供了临时的物理支撑和营养环境，还能够在治疗后发挥组织修复和再生的作用，有助于提高患者的生活质量和治疗后的康复效果。此外，这种材料的应用符合生物医学领域对材料生物相容性和可持续性的要求，具有广阔的发展前景。因此，探索可降解且具有再生能力的支架材料，使其在肿瘤类器官培养过程中能够逐渐降解并被细胞吸收利用，同时释放出有利于组织修复和再生的生物活性物质，极具实用价值。例如，采用天然生物材料或其衍生物制备支架，通过调控材料的降解速率和生物活性成分的释放，实现肿瘤类器官培养与组织再生的有机结合。在支架降解后，其降解产物能够促进周围正常组织的修复和再生，减少肿瘤治疗对正常组织的损伤。

研究方向四 研发智能化响应性支架材料。

智能化响应性支架材料能够更精准地模拟体内肿瘤微环境的动态变化，为肿瘤类器官的培养提供更加个性化和适应性强的支持。这种材料有望提高肿瘤类器官的培养成功率和稳定性，同时也为研究肿瘤细胞在不同生理病理状态下的行为提供更有力的工具，有助于深入理解肿瘤的发生发展机制，并为开发更加有效的肿瘤治疗策略提供依据。因此，设计能够对肿瘤细胞的特定信号或外界环境因素做出智能化响应的支架材料具有很高的应用价值。例如，开发一种可感知肿瘤细胞代谢产物浓度变化的水凝胶支架，当代谢产物浓度达到一定阈值时，支架的物理性质或化学组成可发生相应改变，如孔径变大、释放特定的生物活性分子等，以更好地适应肿瘤类器官的生长和发展需求。可以通过在支架材料中引入对特定代谢产物敏感的分子识别元件或响应性聚合物来实现这一功能。

4.4 培养条件对类器官分化导向的影响

分化能力是肿瘤类器官模拟肿瘤组织异质性和功能特性的基础[72]。类器官中不同类型的细胞能够分化为特定的细胞类型，形成复杂的三维结构[73]。肿瘤类器官的分化能力受到许多因素的影响，如外源因子、基质成分、氧气浓度等[74]。在肿瘤类器官培养过程中，通过添加不同的细胞因子（如noggin、FGF、EGF等），可以诱导类器官中肿瘤干细胞向特定的细胞类型分化[75]。例如，FGF可以促进乳腺癌类器官中乳腺上皮细胞的分化[76]。类器官培养基质（如Matrigel）为类器官提供了细胞外基质和细胞间信号，有助于维持细胞的极性和分化潜能[77]。不同的基质成分和硬度会显著影响类器官的分化模式[78]。下面将详细介绍不同因素对肿瘤类器官分化能力的影响，并提出一些热点研究方向。

4.4.1 细胞因子

细胞生长因子是调控细胞增殖、分化和存活的关键分子，不同的生长因子在肿瘤类器官的培养中起不同的作用[79]。以下讨论几种常见的细胞生长因子及其对肿瘤类器官分化导向的影响[80]。

noggin作为一种关键的调节因子，因在胚胎发育和细胞分化中的重要作用而备受关注。noggin是一种分泌蛋白，主要通过拮抗骨形态发生蛋白（BMP）信号通路发挥作用[81]。BMP信号通路在细胞增殖、分化和凋亡等生物过程中起关键作用[82]。noggin通过与BMP结合，阻止其与BMP受体相互作用，从而抑制BMP信号通路[83]。这种抑制作用对维持干细胞的未分化状态及调控其分化方向具有重要意义。

noggin通过抑制BMP信号通路维持肿瘤干细胞的未分化状态[73]，未分化的肿瘤干细胞具有更高的自我更新能力和多潜能性，能够更好地模拟体内肿瘤的特性，这一作用对于建立和维持肿瘤类器官至关重要。在肿瘤类器官的分化过程中，noggin通过精细调控BMP信号通路，影响细胞的分化方向和组织构建[84]。例如，在结直肠癌类器官的研究中，noggin的存在可以抑制肿瘤细胞向特定上皮细胞类型分化，促进类器官中干细胞和祖细胞的扩增，从而更好地模拟肿瘤的异质性和复杂性[85]。noggin通过调节BMP信号通路，可能影响肿瘤类器官中非肿瘤细胞的行为，从而间接调控肿瘤细胞的生长和分化[86]。例如，noggin可以影响基质细胞的分泌活性，改变肿瘤微环境中的细胞间信号转导，从而影响肿瘤类器官的生长和分化[74, 87]。

noggin在肿瘤类器官分化调控中的重要作用为其相关的基础课题中提供了多种研究方向。现列出部分研究方向，供课题设计参考。

研究方向一 noggin调控肿瘤干细胞特性的分子机制。

noggin通过抑制BMP信号通路，维持肿瘤干细胞的未分化状态，但具体的分子机制尚不清楚，理解这些机制对于开发新型抗肿瘤治疗策略具有重要意义。研究可以通过调节肿瘤类器官培养基中noggin的添加浓度，评估肿瘤类器官干细胞标志物（如Oct4、Sox2、Nanog）表达及肿瘤类器官自我更新和分化能力的变化，以期阐明noggin对肿瘤干细胞标志物表达的调控机制、noggin对肿瘤干细胞自我更新和分化能力的影响[81]。

研究方向二　noggin在不同肿瘤类型中的作用比较。

不同类型的肿瘤具有不同的生物学特性，因此noggin在不同肿瘤类型中的作用可能存在显著差异，了解这些差异有助于针对不同肿瘤类型开发特异性的治疗策略。

以肿瘤类器官为模型，可以比较noggin在不同肿瘤类器官中的功能差异，探讨noggin对不同肿瘤类型干细胞和微环境的影响。利用不同类型肿瘤患者的原代细胞，构建多种肿瘤类器官模型（如肺癌、结直肠癌、乳腺癌、胰腺癌等）[85]。通过添加或去除培养基中的noggin，观察类器官的生长和分化情况。使用RT-qPCR和Western blot技术检测noggin处理前后肿瘤类器官中干细胞标志物和分化标志物的表达变化。不同类型肿瘤类器官在noggin处理下可能表现出不同的生长特性和分化模式，从而揭示noggin在不同肿瘤背景下的特异性作用[86]。

研究方向三　noggin与BMP信号通路的相互作用机制。

noggin通过抑制BMP信号通路发挥其生物学功能，但具体的相互作用机制尚未完全阐明。使用RNA-seq分析noggin处理前后肿瘤类器官中基因表达谱的变化，识别BMP信号通路的下游靶基因。通过基因敲除或过表达技术验证关键下游靶基因在noggin调控下的功能，以期解析noggin与BMP信号通路在肿瘤类器官分化中的相互作用机制，揭示noggin如何调控BMP信号及其下游效应[81]。

研究方向四　noggin调控肿瘤微环境的机制研究。

肿瘤微环境在肿瘤的发生、发展和治疗中起重要作用。noggin可能通过调控肿瘤微环境中的各种细胞类型和信号通路，间接影响肿瘤细胞的行为。构建肿瘤类器官与基质细胞、免疫细胞等共培养系统，可模拟肿瘤微环境[85]。在共培养系统中添加或去除noggin，观察不同细胞类型的反应，通过Western blot和RT-qPCR检测noggin对肿瘤微环境中细胞间信号通路的影响及对肿瘤微环境中不同细胞类型基因表达谱的影响。

研究方向五 noggin在肿瘤类器官药物筛选中的应用。

肿瘤类器官作为药物筛选平台具有巨大的应用潜力，noggin的调控作用可能影响类器官对药物的反应[84]。在noggin处理前后，采用不同抗肿瘤药物处理肿瘤类器官，使用细胞活力检测（如3D-Glo）评估类器官对不同药物的敏感性[48]，检测药物处理后类器官中关键信号通路和耐药基因的表达变化[49]，以期揭示noggin对肿瘤类器官药物敏感性的影响，为个性化抗癌治疗提供新的思路和策略[50]。

通过系统研究noggin在不同类型肿瘤、BMP信号通路、肿瘤微环境及药物筛选中的作用和机制，我们可以更深入理解其生物学功能，为肿瘤治疗的新策略提供理论基础和实验依据。这些研究不仅有助于揭示肿瘤的复杂性，也为开发更加精准和高效的治疗方法提供了新的希望。

成纤维细胞生长因子（fibroblast growth factor，FGF）家族包括22个成员的多功能生长因子，在细胞增殖、分化、迁移和存活中起关键作用[88]。在肿瘤生物学中，FGF信号通路的异常激活常与肿瘤的发生和发展有关[89]。FGF通过与其受体FGFR结合，激活下游的信号通路，如RAS-MAPK、PI3K-AKT和PLC等，调控细胞的生长、分化和存活[90]，主要相关的信号通路如图4.13所示。FGF在胚胎发育、组织再生和肿瘤进展中扮演重要角色[91]。其在肿瘤中的作用主要包括促进肿瘤细胞增殖、血管生成、细胞迁移和抗凋亡等[88]。近年来，FGF在肿瘤类器官分化调控中的作用也逐渐受到关注。因此在设计课题时可以从FGF对肿瘤类器官分化的影响角度入手。

FGF通过激活RAS-MAPK和PI3K-AKT信号通路，促进类器官中肿瘤干细胞的增殖和存活，维持其未分化状态。例如，FGF-2能够维持肝癌类器官干细胞特性，并促进特化细胞的形成[92, 93]。FGF10能够促进乳腺癌类器官中乳腺细胞的分化和生长，模拟乳腺组织的结构。此外，FGF在类器官中的浓度和作用时间可以影响细胞的分化方向，高浓度的FGF可能促进肿瘤细胞向特定的上皮或间质细胞类型分化，而低浓度的FGF则有助于维持干细胞特性。与noggin一样，对于FGF的研究也可以从以上方面入手。同理，对培养体系中的其他生长因子也可以进行相似的研究。

4.4.2　氧气浓度

肿瘤微环境通常表现为低氧（或缺氧）状态，这是因为肿瘤快速生长时，其血管生成往往相对不足，导致氧气供应受限[94]。低氧环境对肿瘤细胞的行为和活性有重要影响[95]。低氧条件下，低氧诱导因子-1α（HIF-1α）稳定化并进入细胞核，与低氧诱导因子-1β（HIF-1β）结合形成复合物，调控多个下游基因的表达，如血管内皮生长因子（VEGF）、促红细胞生成素（EPO）和葡萄糖转运蛋白1（GLUT1）等，这些基因在促进血管生成、糖酵解代谢和细胞存活中起关键作用[96]。此外，低氧条件下，肿瘤细胞倾向于进行无氧糖酵解（Warburg效应），即使在有氧条件下也主要依赖糖酵解途径获取能量。这种代谢重编程为细胞快速生长和分裂提供了优势[97]。

除了细胞因子，氧气浓度在肿瘤类器官培养中也起着至关重要的作用。以下将详细探讨培养时氧气浓度对肿瘤类器官分化的影响，旨在为优化类器官培养条件和深入理解肿瘤生物学提供参考。

在高氧（21% O_2）条件下培养肿瘤类器官时，其生长和分化与体内肿瘤环境存在较大差异。高氧条件下，肿瘤类器官中细胞增殖和分化的速度较快。研究表明，高氧能够促进乳腺癌类器官中乳腺上皮细胞的分化。此外，高氧条件下肿瘤类器官中分化标志物的表达通常较高。例如，结直肠癌类器官在高氧条件下，肠上皮分化标志物（如MUC2和Villin）表达水平上调[98]。

在低氧（$<5\%$ O_2）条件下培养肿瘤类器官时，其生长和分化更接近体内肿瘤的真实情况。低氧环境下，类器官更倾向于保持未分化状态，显示出更强的干细胞特性[99]。这一现象在肝癌和胰腺癌类器官中尤为明显，低氧条件下类器官的干细胞标志物（如CD133和Sox2）表达显著上升[97]。低氧能够诱导肿瘤类器官发生EMT，这一过程与肿瘤细胞侵袭和转移密切相关。低氧

条件下，EMT标志物[如神经钙黏素（N-cadherin）和波形蛋白（vimentin）]的表达增加[100]。低氧环境通常还会抑制特定细胞类型的分化。例如，低氧条件下，肠上皮类器官中肠吸收细胞的分化受到抑制。

为了进一步理解氧气浓度对肿瘤类器官分化的影响，可以设计以下研究方向：

设置不同氧气浓度（如21%、5%、1% O_2），检测肿瘤类器官中不同分化标志物的表达变化，评估氧气浓度对类器官分化的影响；深入探讨低氧信号通路（如HIF-1α、HIF-2α）的激活及其对肿瘤类器官分化的调控机制，通过基因敲除或抑制剂实验验证关键分子在低氧诱导分化中的作用[94]；研究低氧条件下肿瘤类器官对抗癌药物的敏感性变化，评估低氧对药物耐受性的影响，筛选能够克服低氧引起的药物耐受性的潜在药物；建立肿瘤类器官与基质细胞、免疫细胞等共培养系统，研究低氧环境下细胞间相互作用对类器官分化的影响，模拟更接近体内肿瘤微环境的实验条件。

氧气浓度是影响肿瘤类器官生长和分化的重要因素。在高氧条件下，肿瘤类器官更倾向于快速增殖和分化，低氧环境能够模拟肿瘤微环境的实际状态，促进类器官的自我更新和异质性，抑制某些细胞类型的分化。通过研究氧气浓度对肿瘤类器官的影响，可以揭示肿瘤发生发展的机制，为肿瘤治疗提供新的思路和方法。未来，随着类器官技术的发展和氧气调控手段的精进，肿瘤类器官在基础研究和临床应用中的潜力将进一步拓展。

4.4.3 恶性积液

恶性积液（malignant effusion，ME），特别是恶性胸腔积液（malignant pleural effusion，MPE），几乎发生在所有的恶性肿瘤患者中。MPE是指原发于胸膜的恶性肿瘤或其他部位的恶性肿瘤转移至胸膜引起的胸腔积液。MPE中的主要成分之一是肿瘤细胞，这些细胞可能直接来源于胸膜的原发恶性肿瘤或其他部位恶性肿瘤的转移，它们的存在是ME诊断的关键。这些肿瘤细胞已被证实能够用于形成患者来源的肿瘤类器官[101]。此外MPE中还含有丰富的血清蛋白，如白蛋白、IgG、转铁蛋白、抗胰蛋白酶和结合珠蛋白[102]，以及与促炎、致癌和血管生成特性相关的生长因子和细胞因子[103]，提供了有利于支持肿瘤生长的微环境。

MPE在肿瘤类器官的研究中越来越有价值。最近的一项研究使用患者来源的类器官来预测药物对局部晚期或转移性肺癌的抗肿瘤疗效，构成了全球已发表的最大肿瘤类器官队列。在这项研究中，共建立了160个类器官，其中103个由MPE产生[104]。此外，MPE样本为监测晚期肺癌个体的疾病进展提供了稳定的肿瘤细胞来源[105, 106]。有证据表明恶性腹水是高级别浆液性卵巢癌类器官所必需的微环境条件[107]。若在类器官培养过程中加入ME必然会对肿瘤类器官的分化产生重要影响。下面提供几个研究方向。

研究方向一 ME对类器官生物学表型的影响。

在类器官培养基中添加ME，可设置不同浓度、不同供体（自体或异体）的分组，观察ME对类器官生物学表型的影响，如类器官增殖能力、干细胞数量、药物敏感性、耐放射性照射能力、侵袭迁移及分化潜能等方面的影响。ME对类器官增殖能力的影响可通过检测增殖标志物（如Ki-67、PCNA等）进行评价，对类器官肿瘤干细胞特性的影响可通过干细胞标志物（如Oct4、Sox2、Nanog等）的检测来评价。

研究方向二 ME对类器官分化影响的机制研究。

收集不同类型的ME样本，包括MPE和恶性腹水等。利用蛋白质组学和基因组学技术分析积液中的关键成分，包括细胞因子、生长因子和代谢产物。评估不同ME成分对肿瘤类器官生长、自我更新能力和多向分化潜能的影响。此外，可以利用CRISPR/Cas9基因编辑技术敲除/敲入ME中的关键分子，研究其在ME影响肿瘤类器官分化中的作用。还可以应用RNA-seq和ChIP-seq技术探究ME中关键因子调控肿瘤类器官分化的分子机制。

本章提供了一系列与肿瘤类器官分化能力相关的热点课题，这些课题有可能揭示新的生物学机制，并推动肿瘤治疗策略的发展。随着类器官技术的不断进步，期待这些研究能够为肿瘤学领域带来革命性的发现。

参 考 文 献

[1] DePalma TJ，Sivakumar H，Skardal A. Strategies for developing complex multi-component *in vitro* tumor models：Highlights in glioblastoma. Adv Drug Deliv Rev，2022，180：114067.

[2] Phang SJ，Basak S，Teh HX，et al. Advancements in extracellular matrix-based biomaterials and biofabrication of 3D organotypic skin models. ACS Biomater Sci Eng，2022，8（8）：3220-3241.

[3] Lin X，Ouyang S，Zhi C，et al. Focus on ferroptosis，pyroptosis，apoptosis and autophagy of vascular endothelial cells to the strategic targets for the treatment of atherosclerosis. Arch Biochem Biophys，2022，715：109098.

[4] Fiorini E，Veghini L，Corbo V. Modeling cell communication in cancer with organoids：making the complex simple. Front Cell Dev Biol，2020，8：166.

[5] Chen Y，McAndrews KM，Kalluri R. Clinical and therapeutic relevance of cancer-associated fibroblasts. Nat Rev Clin Oncol，2021，18（12）：792-804.

[6] Bachem MG，Schneider E，Gross H，et al. Identification，culture，and characterization of pancreatic stellate cells in rats and humans. Gastroenterology，1998，115（2）：421-432.

[7] Dzobo K，Dandara C. Architecture of cancer-associated fibroblasts in tumor microenvironment：mapping their origins，heterogeneity，and role in cancer therapy resistance. OMICS，2020，24（6）：314-339.

[8] Schuth S，Le Blanc S，Krieger TG，et al. Patient-specific modeling of stroma-mediated chemoresistance of pancreatic cancer using a three-dimensional organoid-fibroblast co-culture system. J Exp Clin Cancer Res，2022，41（1）：312.

[9] Yoshida GJ. Regulation of heterogeneous cancer-associated fibroblasts：the molecular pathology of activated signaling pathways. J Exp Clin Cancer Res，2020，39（1）：112.

[10] Tsai S，McOlash L，Palen K，et al. Development of primary human pancreatic cancer organoids，matched stromal and immune cells and 3D tumor microenvironment models. BMC Cancer，2018，18（1）：335.

[11] Zhang Q，Wang Y，Liu F. Cancer-associated fibroblasts：versatile mediators in remodeling the tumor microenvironment. Cell Signal，2023，103：110567.

[12] Balážová K，Clevers H，Dost AFM. The role of macrophages in non-small cell lung cancer and advancements in 3D co-cultures. Elife，2023，12：e82998.

[13] Cattaneo CM，Dijkstra KK，et al. Tumor organoid-T-cell coculture systems. Nat Protoc，2020，15（1）：15-39.

[14] Magré L，Verstegen MMA，Buschow S，et al. Emerging organoid-immune co-culture models for cancer research：from oncoimmunology to personalized immunotherapies. J Immunother Cancer，2023，11（5）：e006290.

[15] Jeong SR，Kang M.Exploring tumor-immune interactions in co-culture models of T cells and tumor organoids derived from patients. Int J Mol Sci，2023，24（19）：14609.

[16] Zhou Z，Van der Jeught K，Li Y，et al. A T cell-engaging tumor organoid platform for pancreatic cancer immunotherapy. Adv Sci（Weinh）2023，10（23）：e2300548.

[17] Trimm E，Red-Horse K. Vascular endothelial cell development and diversity. Nat Rev Cardiol，2023，20（3）：197-210.

[18] Marziano C，Genet G，Hirschi KK. Vascular endothelial cell specification in health and disease. Angiogenesis，2021，24（2）：213-236.

[19] Lim JTC，Kwang LG，Ho NCW，et al. Hepatocellular carcinoma organoid co-cultures mimic angiocrine crosstalk to generate inflammatory tumor microenvironment. Biomaterials，2022，284：121527.

[20] Cheng J，Yang HL，Gu CJ，et al. Melatonin restricts the viability and angiogenesis of vascular endothelial cells by suppressing HIF-1α/ROS/VEGF. Int J Mol Med，2019，43（2）：945-955.

[21] Naito H，Iba T，Takakura N. Mechanisms of new blood-vessel formation and proliferative heterogeneity of endothelial cells. Int Immunol，2020，32（5）：295-305.

[22] Wang X，Luo Y，Ma Y. Converging bioprinting and organoids to better recapitulate the tumor microenvironment. Trends Biotechnol，2024，42（5）：648-663.

[23] Wang J，Feng X，Li Z，et al. Patient-derived organoids as a model for tumor research. Prog Mol Biol Transl Sci，2022，189（1）：259-326.

[24] Greaves M，Maley CC. Clonal evolution in cancer. Nature，2012，481（7381）：306-313.

[25] Vlachogiannis G，Hedayat S，Vatsiou A，et al. Patient-derived organoids model treatment response of metastatic gastrointestinal cancers. Science，2018，359（6378）：920-926.

[26] Ma Y，Zhang L，Huang X. Genome modification by CRISPR/Cas9. FEBS J，2014，281（23）：5186-5193.

[27] Langmead B，Salzberg SL. Fast gapped-read alignment with Bowtie 2. Nat Methods，2012，9（4）：357-359.

[28] Li H，Durbin R. Fast and accurate short read alignment with Burrows-Wheeler transform. Bioinformatics，2009，25（14）：1754-1760.

[29] Van der Auwera GA，Carneiro MO，Hartl C，et al. From FastQ data to high confidence variant calls：the Genome Analysis Toolkit best practices pipeline. Curr Protoc Bioinformatics，2013，43（1110）：11.10.1-11.10.33.

[30] Koboldt DC，Zhang Q，Larson DE，et al. VarScan 2：somatic mutation and copy number alteration discovery in cancer by exome sequencing. Genome Res，2012，22（3）：568-576.

[31] Wang K，Li M，Hakonarson H. ANNOVAR：functional annotation of genetic variants from high-throughput sequencing data. Nucleic Acids Res，2010，38（16）：e164.

[32] McLaren W，Gil L，Hunt SE，et al. The ensembl variant effect predictor. Genome Biol，2016，17（1）：122.

[33] Roth A，Khattra J，Yap D，et al. PyClone：statistical inference of clonal population structure in cancer. Nature Methods，2014，11（4）：396-398.

[34] Popic V，Salari R，Hajirasouliha I，et al. Fast and scalable inference of multi-sample cancer lineages. Genome Biol，2015，16（1）：91.

[35] Dang HX，White BS，Foltz SM，et al. ClonEvol：clonal ordering and visualization in cancer sequencing. Ann Oncol，2017，28（12）：3076-3082.

[36] Caravagna G，Heide T，Williams MJ，et al. Subclonal reconstruction of tumors by using machine learning and population genetics. Nat Genet，2020，52（9）：898-907.

[37] Grigoriadis K，Huebner A，Bunkum A，et al. CONIPHER：a computational framework for scalable phylogenetic reconstruction with error correction. Nat Protoc，2024，19（1）：159-183.

[38] Dobin A，Davis CA，Schlesinger F，et al. STAR：ultrafast universal RNA-seq aligner. Bioinformatics，2013，29（1）：15-21.

[39] Kim D，Langmead B，Salzberg SL. HISAT：a fast spliced aligner with low memory requirements. Nat Methods，2015，12（4）：357-360.

[40] Love MI，Huber W，Anders S. Moderated estimation of fold change and dispersion for RNA-seq data with DESeq2. Genome Biol，2014，15（12）：550.

[41] Robinson MD，McCarthy DJ，Smyth GK. edgeR：a Bioconductor package for differential expression analysis of digital gene expression data. Bioinformatics Bioinformatics，2010，26（1）：139-140.

[42] Hao Y，Stuart T，Kowalski MH，et al. Dictionary learning for integrative，multimodal and scalable single-cell analysis. Nat Biotechnol，2024，42（2）：293-304.

[43] Wolf FA，Angerer P，Theis FJ. SCANPY：large-scale single-cell gene expression data analysis. Genome Biol，2018，19（1）：15.

[44] Garvin T，Aboukhalil R，Kendall J，et al. Interactive analysis and assessment of single-cell copy-number variations. Nat Methods，2015，12（11）：1058-1060.

[45] Jahn K，Kuipers J，Beerenwinkel N. Tree inference for single-cell data. Genome Biol，2016，17：86.

[46] Chen Z，Gong F，Wan L，et al. RobustClone：a robust PCA method for tumor clone and evolution inference from single-cell sequencing data. Bioinformatics，2020，36（11）：3299-3306.

[47] Qi Zhang，Rober Abdo，Cristiana Losef，et al. The spatial transcriptomic landscape of non-small cell lung cancer brain metastasis. Nat Commun，2022，13（1）：5983.

[48] Clevers H. Modeling development and disease with organoids. Cell，2016，165（7）：1586-1597.

[49] Hanahan D，Weinberg RA. Hallmarks of cancer：the next generation. Cell，2011，144（5）：646-674.

[50] Turajlic S，Swanton C. Metastasis as an evolutionary process. Science，2016，352（6282）：169-175.

[51] WilsonWR，Hay MP. Targeting hypoxia in cancer therapy. Nat Rev Cancer，2011，11：393-410.

[52] Vaupel P，Mayer A. Hypoxia in cancer：significance and impact on clinical outcome. Cancer Metastasis Rev，2007，26（2）：225-239.

[53] Bhattacharya S，Calar K，de la Puente P. Mimicking tumor hypoxia and tumor-immune interactions employing three-dimensional *in vitro* models. J Exp Clin Cancer Res，2020，39（1）：75.

[54] Nishimura T，Kakiuchi N，Yoshida K，et al. Evolutionary histories of breast cancer and related clones. Nature，2023，620（7974）：607-614.

[55] Surina，Tanggis，Suzuki T，et al. Patient-derived spheroids and patient-derived organoids simulate evolutions of lung cancer. Heliyon，2023，9（3）：e13829.

[56] Mo S，Tang P，Luo W，et al. Patient-derived organoids from colorectal cancer with paired liver metastasis reveal tumor heterogeneity and predict response to chemotherapy. Adv Sci（Weinh），2022，9（31）：e2204097.

[57] Huch M，Koo BK. Modeling mouse and human development using organoid cultures. Development，2015，142（18）：3113-3125.

[58] Roberto de Barros N，Wang C，Maity S，et al. Engineered organoids for biomedical applications. Adv Drug Deliv Rev，2023，203：115142.

[59] Yi SA，Zhang Y，Rathnam C. Bioengineering approaches for the advanced organoid research. 2021，33（45）：e2007949.

[60] Zhao Y，Gong J，Liu H，et al. A chemically defined，mechanically tunable，and bioactive hyaluronic acid/alginate double-network hydrogel for liver cancer organoid construction. Int J Biol acromol，2024，282（Pt 2）：136707.

[61] 饶琪，林志光，王若雨，等. 肺腺癌细胞在基质胶 - Ⅰ型胶原共混水凝胶支架类器官体系中的生物学研究. 中华生物医学工程杂志，2024，30（2）：81-89.

[62] Ma W，Zheng Y，Yang G，et al. A bioactive calcium silicate nanowire-containing hydrogel for organoid formation and functionalization. Mater Horiz，2024，11（12）：2957-2973.

[63] Kleinman HK，McGarvey ML，Liotta LA，et al. Isolation and characterization of type Ⅳ procollagen，laminin，and heparan sulfate proteoglycan from the EHS sarcoma. Biochemistry，1982，21（24）：6188-6193.

[64] Nguyen EH，Daly WT，Le NNT，et al. Versatile synthetic alternatives to Matrigel for vascular toxicity screening and stem cell expansion. Nat Biomed Eng，2017，1：0096.

[65] Hughes CS，Postovit LM，Lajoie GA. Matrigel：a complex protein mixture required for optimal growth of cell culture. Proteomics，2010，10(9)：1886-1890.

[66] Chrisnandy A，Blondel D，Rezakhani S，et al. Synthetic dynamic hydrogels promote degradation-independent *in vitro* organogenesis. Nat Mater，2022，21(4)：479-487.

[67] Zhang W，Du A，Liu S，et al. Research progress in decellularized extracellular matrix-derived hydrogels. Regen Ther，2021，18：88-96.

[68] Ranga A，Girgin M，Meinhardt A，et al. Neural tube morphogenesis in synthetic 3D microenvironments. Proc Natl Acad Sci U S A，2016，113(44)：E6831-E6839.

[69] Lancaster MA，Corsini NS，Wolfinger S，et al. Guided self-organization and cortical plate formation in human brain organoids. Nat Biotechnol，2017，35(7)：659-666.

[70] Perepelkina T，Kegeles E，Baranov P. Optimizing the conditions and use of synthetic matrix for three-dimensional *in vitro* retinal differentiation from mouse pluripotent cells. Tissue Eng Part C thods，2019，25(7)：433-445.

[71] Yu D，Cao H，Wang X. Advances and applications of organoids：a review. Sheng Wu Gong Cheng Xue Bao，2021，37(11)：3961-3974.

[72] Lancaster MA，Knoblich JA. Organogenesis in a dish：modeling development and disease using organoid technologies. Science，2014，345(6194)：1247125.

[73] Huch M，Knoblich JA，Lutolf MP. The hope and the hype of organoid research. Development，2017，144(6)：938-941.

[74] Clevers H. Modeling development and disease with organoids. Cell，2016，165(7)：1586-1597.

[75] Sato T，Clevers H. Growing self-organizing mini-guts from a single intestinal stem cell：mechanism and applications. Science，2013，340(6137)：1190-1194.

[76] Sachs N，Clevers H. Organoid cultures for the analysis of cancer phenotypes. Curr Opin Genet Dev，2014，24：68-73.

[77] Kretzschmar K，Clevers H. Organoids：modeling development and the stem cell niche in a dish. Dev Cell，2016，38(6)：590-600.

[78] Baker BM，Chen CS. Deconstructing the third dimension：how 3D culture microenvironments alter cellular cues. J Cell Sci，2012，125(Pt 13)：3015-3024.

[79] Ranga A，Gjorevski N，Lutolf MP. Drug discovery through stem cell-based organoid models. Adv Drug Deliv Rev，2014，69-70：19-28.

[80] Bartfeld S，Clevers H. Organoids as model for infectious diseases：culture of human and murine stomach organoids and microinjection of helicobacter pylori. J Vis Exp，2015，105：53359.

[81] Schuijers J，Clevers H. Adult mammalian stem cells：the role of Wnt，Lgr5 and R-spondins. EMBO J，2012，31(12)：2685-2696.

[82] Greggio C，De Franceschi F，Figueiredo-Larsen M，et al. Artificial three-dimensional

niches deconstruct pancreas development *in vitro*. Development，2013，140（21）：4452-4462.

[83] Eiraku M，Sasai Y. Self-formation of layered neural structures in three-dimensional culture of ES cells. Curr Opin Neurobiol，2012，22（5）：768-777.

[84] Lancaster MA，Knoblich JA. Generation of cerebral organoids from human pluripotent stem cells. Nat Protoc，2014，9（10）：2329-2340.

[85] Huch M，Koo BK. Modeling mouse and human development using organoid cultures. Development，2015，142（18）：3113-3125.

[86] Bredenoord AL，Clevers H，Knoblich JA. Human tissues in a dish：the research and ethical implications of organoid technology. Science，2017，355（6322）：eaaf9414.

[87] Liu M，Goldman G，MacDougall M，et al. BMP signaling pathway in dentin development and diseases. Cells，2022，11（14）：2216.

[88] Turner N，Grose R. Fibroblast growth factor signalling：from development to cancer. Nat Rev Cancer，2010，10（2）：116-129.

[89] Ornitz DM，Itoh N. The fibroblast growth factor signaling pathway. Wiley Interdiscip Rev Dev Biol，2015，4（3）：215-266.

[90] Powers CJ，McLeskey SW，Wellstein A. Fibroblast growth factors，their receptors and signaling. Endocr Relat Cancer，2000，7（3）：165-197.

[91] Beenken A，Mohammadi M. The FGF family：biology，pathophysiology and therapy. Nat Rev Drug Discov，2009，8（3）：235-253.

[92] Broutier L，Mastrogiovanni G，Verstegen MM，et al. Human primary liver cancer-derived organoid cultures for disease modeling and drug screening. Nat Med，2017，23（12）：1424-1435.

[93] Farooq M，Khan AW，Kim MS，et al. The role of fibroblast growth factor（FGF）signaling in tissue repair and regeneration. Cells，2021，10（11）：3242.

[94] Harris AL. Hypoxia—a key regulatory factor in tumour growth. Nat Rev Cancer，2002，2（1）：38-47.

[95] Semenza GL.Targeting HIF-1 for cancer therapy. Nat Rev Cancer，2003，3（10）：721-732.

[96] Wang GL，Semenza GL. General involvement of hypoxia-inducible factor 1 in transcriptional response to hypoxia. Proc Natl Acad Sci U S A，1993，90（9）：4304-4308.

[97] Gatenby RA，Gillies RJ. Why do cancers have high aerobic glycolysis? Nat Rev Cancer，2004，4（11）：891-899.

[98] Merlos-Suárez A，Barriga FM，Jung P，et al. The intestinal stem cell signature identifies colorectal cancer stem cells and predicts disease relapse. Cell Stem Cell，2011，8（5）：511-524.

[99] Gilkes DM，Semenza GL，Wirtz D. Hypoxia and the extracellular matrix：drivers of

tumour metastasis. Nat Rev Cancer，2014，14(6)：430-409.

[100] Lee JM，Dedhar S，Kalluri R，et al. The epithelial-mesenchymal transition：new insights in signaling，development，and disease. J Cell Biol，2006，172(7)：973-981.

[101] Seghers S，Le Compte M，Hendriks JMH，et al. A systematic review of patient-derived tumor organoids generation from malignant effusions. Crit Rev Oncol Hematol，2024，195：104285.

[102] Yu CJ，Wang CL，Wang CI，et al. Comprehensive proteome analysis of malignant pleural effusion for lung cancer biomarker discovery by using multidimensional protein identification technology. J Proteome Res，2011，10(10)：4671-4682.

[103] Stathopoulos GT，Kollintza A，Moschos C，et al. Tumor necrosis factor-alpha promotes malignant pleural effusion. Cancer Res，2007，67(20)：9825-9834.

[104] Wang HM，Zhang CY，Peng KC，et al. Using patient-derived organoids to predict locally advanced or metastatic lung cancer tumor response：a real-world study. Cell Rep Med，2023，4(2)：100911.

[105] Cheah HM，Lansley SM，Varano Della Vergiliana JF，et al. Malignant pleural fluid from mesothelioma has potent biological activities. Respirology，2017，22(1)：192-199.

[106] Mazzocchi A，Devarasetty M，Herberg S，et al. Pleural effusion aspirate for use in 3D lung cancer modeling and chemotherapy screening. ACS Biomater Sci Eng，2019，5(4)：1937-1943.

[107] Velletri T，Villa CE，Cilli D，et al. Single cell-derived spheroids capture the self-renewing subpopulations of metastatic ovarian cancer. Cell Death Differ，2022，29(3)：614-626.

第5章　结合临床的研究设计

肿瘤类器官技术的出现与发展，为我们提供了构建新型临床前研究模型的基础。肿瘤类器官包含多种细胞类型，保留了来源肿瘤组织的遗传、表型和生物学行为特征，目前，已成为药物研发、追踪治疗反应和个性化治疗最理想的模型，其在疾病模型、精准医疗、新药研发、基因编辑及基础和临床研究中发挥着重要作用。肿瘤类器官技术在临床队列研究和个案报道指导个体用药方面都取得了很多进步，展现出了显著的优势和潜力。随着研究的不断深入，肿瘤类器官模型有望为癌症的精准诊疗提供新的思路和方法。本章将对肿瘤类器官在大样本队列、小样本队列及个案报道3个层面的研究进行总结梳理，并在每一层面中选取一篇典型研究进行讲解，以便读者明确相关课题的设计要素与结果呈现形式，为其课题开展做好铺垫。

5.1　肿瘤类器官在大样本队列研究中的应用

5.1.1　大样本研究概览

大样本队列研究是一种流行病学研究方法，其目的为在大规模人群中随时间跟踪分析特定因素（如暴露、行为、干预等）与疾病或健康结局之间的关系。这种研究方法在医学研究中被广泛应用，为理解疾病的发生、发展和治疗效果提供重要的数据支持。肿瘤类器官领域中，有众多研究采用这种研究方法，这里选择了具有代表性的文献进行归纳，方便从事相关工作的读者阅读学习（表5.1）。

表5.1 文献归纳

癌种	文献标题	通信作者	样本量（例）	年份
胰腺癌	Patient-derived organoid pharmacotyping guides precision medicine for pancreatic cancer[1]	Min Li	290	2022
胰腺癌	Organoid profiling identifies common responders to chemotherapy in pancreatic cancer[2]	David A. Tuveson	66	2018
肺癌	Using patient-derived organoids to predict locally advanced or metastatic lung cancer tumor response: a real-world study[3]	Jin-Ji Yang	107	2023
肺癌	Patient-derived lung cancer organoids as *in vitro* cancer models for therapeutic screening[4]	Se Jin Jang	36	2019
乳腺癌	The TRIPLEX study: use of patient-derived tumor organoids as an *in vitro* model[5]	George Emile	163	2023
乳腺癌	Optimizing individualized treatment strategy based on breast cancer organoid mode[16]	Zuowei Zhao	48	2021
乳腺癌	Establishment of patient-derived organoids for guiding personalized therapies in breast cancer patients[7]	Fei Wu	75	2024
乳腺癌	Patient-derived organoids can guide personalized-therapies for patients with advanced breast cancer[8]	Chuxia Deng	132	2021
胆管癌	Personalized drug screening in patient-derived organoids of biliary tract cancer and its clinical application[9]	Lixia Xu	82	2023
结直肠癌	Patient-derived organoids from colorectal cancer with paired liver metastasis reveal tumor heterogeneity and predict response to chemotherapy[10]	Guoqiang Hua	50	2022
直肠癌	Patient-derived tumor organoids predict responses to irinotecan-based neoadjuvant chemoradiotherapy in patients with locally advanced rectal cancer[11]	Guoqiang Hua	118	2022
结直肠癌	Patient-derived organoids predict chemoradiation responses of locally advanced rectal cancer[12]	Guoqiang Hua	80	2020
直肠癌	A rectal cancer organoid platform to study individual responses to chemoradiation[13]	J. Joshua Smith	65	2019
结直肠癌	Patient-derived organoids can predict response to chemotherapy in metastatic colorectal cancer patients[14]	Emile E. Voest	61	2019
头颈癌	Patient-derived head and neck cancer organoids allow treatment stratification and serve as a tool for biomarker validation and identification[15]	Hans Clevers	65	2023

5.1.2　典型研究案例

肺癌是导致癌症相关死亡的主要原因。在中国，每年有超过60万的肺癌死亡病例。局部晚期或转移性肺癌患者，预后通常较差，特别是出现恶性胸腔积液（MPE）的患者，其总生存期（OS）显著短于无MPE的患者。精准医疗是根据个体的特定遗传特征和个性化因素来制定治疗方案的方法，目的是提高治疗效果，特别是通过分子靶向治疗来延长晚期肺癌患者的生存期并改善生活质量。肺癌是一种异质性很强的疾病，这对精准医疗的应用构成了重大挑战。非小细胞肺癌（NSCLC）是研究最广泛的肺癌亚型，但只有30%的患者携带有对应药物的突变，且并非所有患者都能从靶向治疗中获益。为预测靶向治疗的临床结果，需要建立一个能够模拟原始组织形态学和基因组特征的模型。尽管已培养出对应多种原发肿瘤的类器官，但在肺癌中，尤其是晚期肺癌，由于建立纯肿瘤类器官难度较大，其在精准医疗中的临床应用很少被报道。选定的典型研究案例为"Using patient-derived organoids to predict locally advanced or metastatic lung cancer tumor response：a real-world study"（发表于2023年）。该研究的目标是使用来自MPE的肿瘤组织或MPE样本，建立可行的肺癌类器官（LCO）模型，验证这些模型在病理学和分子特征方面的可靠性，并使用药物敏感性测试（DST）的结果为晚期肺癌患者制定个性化治疗方案提供指导。下面概要介绍该项研究。

1. 研究简介　为了提出个性化治疗方案，临床医生需要依据检测到的肿瘤驱动因子突变，选择特定的分子靶向药物用于癌症治疗。因此，亟须建立一个模拟原始肿瘤形态学和基因组特征的体外药敏试验模型来预测肺癌靶向治疗和化疗的疗效。广东省肺癌研究所的研究人员及其合作者在*Cell*子刊*Cell Reports Medicine*上发表了这篇研究论文，结果显示，基于肺癌类器官的药物敏感性测试结果可准确预测肺癌靶向治疗或化疗的临床疗效。这是目前国际上肺癌类器官领域预测靶向治疗和化疗疗效的最大样本量真实世界研究。

该研究由广东省肺癌研究所的研究人员主导，并与多个科研机构和医院展开合作。团队成员在肿瘤学、基因组学及药物筛选等领域拥有丰富的经验。该团队致力于通过精准的分子生物学技术和创新的实验模型，为肺癌患者提供更加个性化的治疗方案，推动肺癌治疗领域的基础研究和临床应用。

该研究的主要目的是通过LCO进行药物敏感性测试，以预测肺癌患者对靶向治疗和化疗的临床反应。研究团队从107例晚期肺癌患者中成功生成214个肺癌类器官，其中212个为LCO。研究结果表明，基于LCO的药物敏感性测试具有较高的准确性和临床预测价值，特别是在评估治疗反应、靶向药物选择及联合治疗方案方面。此研究的创新点在于采用了大规模的真实世界数据，证明了肺癌类器官可以有效模拟患者的肿瘤特征，并准确预测其对靶向治疗和化疗的反应，为个性化治疗提供了更有力的支持。此研究不仅填补了LCO药物敏感性测试的应用空白，也为精准医学的进一步发展奠定了基础。

2. 研究内容 该研究首先对类器官的形成和病理进行分析总结。研究者从107例晚期癌症患者收集了214个样本，成功培养了162个患者来源的类器官（PDO），其中160个为LCO。这些LCO主要来自MPE，包括胸腔积液、腹水和心包积液样本。研究还尝试分析了52个培养失败的LCO的潜在原因，发现细胞数量不足是最常见的因素。通过苏木素-伊红（HE）染色和免疫组织化学法对LCO进行验证，比较LCO与原始组织在形态学和病理学上的相似性。例如，腺癌（ADC）来源的LCO表现出与原始ADC组织相似的细胞团簇、核仁和核形态特征。使用二代测序（NGS）技术对25例患者的MPE和MPE衍生的LCO进行基因组分析发现，在MPE和LCO样本中检测到的基因突变具有一致性，包括单核苷酸变异（SNV）、插入/缺失（Indel）、拷贝数变异（CNV）、基因组重排（LGR）和融合事件。

随后，研究LCO预测个性化靶向治疗反应，根据患者的基因特征和既往治疗情况，个性化地制定了治疗计划，并进行了体外药物筛选。使用受试者工作特征（ROC）分析，确定LCO对奥希替尼、化疗、双靶点治疗和其他靶向治疗药物的敏感性，以区分临床上敏感或耐药的患者。研究报道了9例接受化疗的LCO药物敏感性筛选结果，并与实际临床反应进行了比较。结果显示，LCO对化疗药物的反应与患者的临床反应一致，表明LCO可以作为预测化疗反应的有效工具。研究者收集了同一患者不同时间点的MPE样本，以探索LCO药物反应的稳定性和异质性。结果显示，不同采样时间点获得的LCO在基因组特征上具有高度一致性，表明LCO可能是一个优化的稳定的NSCLC体外模型。研究还探讨了LCO-药物敏感性测试（DST）预测组合疗法效果的能力。例如，对于一位携带表皮生长因子受体（*EGFR*）L858R突变和*MET*基因扩增的患者，LCO-DST结果显示，奥希替尼和赛沃替尼的组合治疗效果可能优于单一药物治疗。

最后，基于LCO技术的蛋白质组学分析揭示了双靶点治疗的分子机制。使用4D无标记高通量蛋白质组学分析，鉴定了在奥希替尼和BLU-667组合治疗中显著改变的蛋白质。这些结果表明，与单一药物治疗比较，组合治疗显著诱导了细胞死亡。

上述结果表明，LCO不仅能够真实地反映原始肿瘤的特征，还能够作为预测工具，帮助医生为晚期肺癌患者制定个性化的治疗方案。此外，上述研究还展示了LCO在解析药物作用分子机制方面的潜力。

5.2　肿瘤类器官在小样本队列研究中的应用

5.2.1　小样本研究概览

小样本队列研究是一种常用于医学研究的设计方法，通常在特定的患者群体中进行，研究的样本量相对较小，但其研究对象往往具有高度的特异性或疾病的罕见性。相比大样本队列研究，小样本队列研究能够提供更加详细和个性化的数据分析，尤其适用于研究病种较为稀少或具有特殊临床表现的患者群体。虽然样本量较小可能导致统计学的显著性不足，但其通过精细的临床数据收集和长时间的随访，仍能为疾病的诊断、治疗和预后提供重要的临床依据。在肿瘤类器官研究中，许多小样本队列研究着重探讨特定类型的肿瘤反应、治疗效果及个性化治疗方案的优化，具有很高的实际应用价值。这里将选取若干典型的小样本研究，进行总结和分析，以帮助读者更好地理解小样本队列研究在肿瘤类器官中的应用和研究价值，如表5.2所示。

表5.2　文献归纳

样本来源	文献标题	通信作者	样本量（例）	年份
直肠癌	Medium-throughput drug screening of patient-derived organoids from colorectal peritoneal metastases to direct personalized therapy[16]	Susan L. Woods	28	2020
胃癌	Tumorigenicity and prediction of clinical prognosis of patient-derived gastric cancer organoids[17]	Ye-Guang Chen	17	2024
胃癌	Patient-derived organoid culture of gastric cancer for disease modeling and drug sensitivity testing[18]	Shigang Ding	12	2023
胃癌	Malignant ascites-derived organoid（MADO）cultures for gastric cancer *in vitro* modelling and drug screening[19]	Xianbao Zhan	11	2019
胃癌	An organoid based preclinical model of human gastric cancer[20]	Yana Zavros	7	2018
转移性胃肠道肿瘤	Patient-derived organoids model treatment response of metastatic gastrointestinal cancers[21]	Nicola Valeri	21	2018
乳腺癌	Organoids from patient biopsy samples can predict the response of BC patients to neoadjuvant chemotherapy[22]	Shengchun Liu	17	2022
乳腺癌	Breast cancer organoids model patient-specific response to drug treatment[23]	Giannino Del Sal	17	2020
卵巢癌	Patient-derived organoids from ovarian cancer recapitulate clinical response and exhibit heterogeneous inter- and intrapatient drug responses[24]	Ellen Stelloo	23	2020
宫颈癌	Preclinical investigation of patient-derived cervical cancer organoids for precision medicine[25]	Eun Ji Nam	4	2023
脑膜瘤	Establishment and characterization of meningioma patient-derived organoid[26]	George Kwok Chu Wong	5	2021
脑瘤	Establishment of tumor microenvironment-preserving organoid model from patients with intracranial meningioma[27]	Stephen Ahn	4	2024
肝癌	Human primary liver cancer -derived organoid cultures for disease modelling and drug screening[28]	Meritxell Huch	8	2018

5.2.2　典型研究案例

转移性肿瘤类器官发挥着重要作用。以结直肠癌肝转移（CRLM）为例，约20%的新诊断结直肠癌（CRC）患者会出现同步肝转移（LM），至少50%的术后转移性疾病患者会出现肝转移。肿瘤内部及不同患者之间的异质性造成治疗方案的制定和实施更加复杂。不同的肿瘤细胞群体可能对同一种治疗产生不同的反应，导致治疗效果的不确定性，目前尚无有效的方法预测CRLM患者的化疗反应。有研究者通过建立结直肠癌及其肝转移的PDO模型，解析肿瘤的异质性，并评估其在预测化疗反应中的潜力。这一研究不仅为理解CRC的生物学特性提供了新视角，也为个性化治疗策略的制定提供了科学依据。下面概要介绍这项研究（文献来源：Patient-derived organoids from colorectal cancer with paired liver metastasis reveal tumor heterogeneity and predict response to chemotherapy，发表于2022年）。

1. 研究简介　该研究由约翰斯·霍普金斯大学的胡晨教授、复旦大学附属肿瘤医院的彭俊杰教授、华国强教授与荷兰Hubrecht研究所的Hans Clevers教授等国际知名科研团队合作完成。该研究团队在肿瘤精准治疗领域有着深厚的研究积累，尤其在类器官技术和癌症异质性分析方面取得了重要的科研成果。

结直肠癌（CRC）是全球范围内发病率和死亡率较高的恶性肿瘤，肝转移（CRLM）是结直肠癌患者常见的转移形式。肝转移患者的治疗难度大，尤其是在化疗方案的选择上，仍然存在较大的不确定性。传统的治疗方案，如FOLFOX方案（亚叶酸钙、氟尿嘧啶联合奥沙利铂）和FOLFIRI方案（亚叶酸钙、氟尿嘧啶联合伊立替康），尽管已广泛应用，但因患者个体差异和肿瘤异质性，治疗效果差异显著。因此，急需一种能够预测个体患者对不同治疗反应的工具，以优化治疗方案，提高患者的生存率和生活质量。

该研究的主要目的是构建基于CRLM PDO模型，并利用这一模型预测患者对化疗的反应及临床预后。研究团队成功地从36例CRLM患者中收集了原发灶及配对肝转移灶的样本，并成功培养了58个类器官模型。通过多组学分析（包括组织病理学、基因组学、转录组学和单细胞转录组学），研究揭示了CRLM类器官与患者肿瘤组织的高度一致性，展示了类器官技术在模拟肿瘤异质性和肿瘤进化过程中的重要作用。

在药物敏感性测试方面，研究团队评估了CRLM类器官对单药（氟尿嘧啶、奥沙利铂、伊立替康）及联合药物（FOLFOX、FOLFIRI方案）的反应，并发现类器官的药物反应与患者的临床治疗反应高度一致。这些结果为类器官模型作为预测患者个体化治疗反应的工具提供了有力的证据，尤其在帮助临床选择合适的化疗方案方面具有重要意义。

该研究创新性地揭示了肝转移灶和原发灶在肿瘤干细胞特性上的差异，表明肝转移灶中的肿瘤干细胞具有更强的自我更新能力，为进一步理解肿瘤转移机制提供了新的视角。此外，CRLM类器官不仅在药物敏感性预测中表现出色，还为肿瘤异质性和精准诊疗的研究提供了新型的实验平台。

2. 研究内容　研究的第一部分，研究团队用36例患者的手术切除样本（36例原发灶和配对的36例肝转移灶）建立了CRLM PDO生物库，共成功培养58个类器官，其中包括31个CRC类器官（成功率86.1%）和27个CRLM类器官（成功率75.0%）。该研究选择了来自25例患者的50个类器官进行后续研究。研究人员对建立的PDO模型进行了表征，结果发现，CRC和CRLM类器官具有相似的特征，但同时保留了它们各自的特异性。例如，来自P2 CRLM患者的CRC和CRLM类器官均显示薄壁囊性结构；来自P3 CRLM患者的CRC类器官显示厚壁囊性结构，而CRLM类器官显示不规则的致密结构；P10 CRLM患者的CRC类器官呈现薄壁囊性结构，而CRLM类器官呈现实心球形结构。进一步，对类器官进行免疫组织化学染色，发现Ki-67、CDX-2、β-catenin、CKpan、CK20这5个标志物在原发灶及转移灶的亲本肿瘤组织和类器官中的表达情况十分相似。总体来说，CRLM PDO保留了亲本肿瘤的组织病理学特征，CRC和CRLM也保留了其相应的异质性。

研究的第二部分，研究者对来自10例患者的CRLM PDO及其原发肿瘤进行了全外显子组测序。在CRLM PDO中，WNT信号通路相关基因发生突变，包括*APC*、*FBXW7*、*ARID1A*、*LRP5*、*CTNNB1*和*SOX9*。其中，20个（100%）CRLM PDO均出现不同类型的*APC*基因突变，验证了预期的WNT

信号通路激活突变率。此外，*RAS*基因（*KRAS*和*NRAS*）的突变率为40%（8/20），其与CRLM患者的组织突变率一致。同时，该研究比较了P3和P9两例患者类器官和原发肿瘤的点突变类型及其突变特征，发现类器官和原发肿瘤的突变特征具有一致性。CRLM PDO与相应肿瘤中最常见的CRC基因突变变体有88.9%的重叠（CRC类器官为88.5%，CRLM类器官为89.2%）。随后使用跟踪克隆进化的算法研究肿瘤异质性和肿瘤进化过程。结果发现，CRC类器官和CRLM类器官具有共同的早期驱动突变，如*TP53*和*APC*基因。随着克隆进化，两种不同的类器官展现出了不同的进化方向。

研究的第三部分，对50个CRLM PDO进行了转录组测序，并加入了癌症基因组图谱（TCGA）数据库中的患者数据。其热图显示，来自不同患者的PDO及来自同一患者的原发灶和肝转移灶所建立的PDO均表现出不同程度的异质性。同时，CRLM PDO的共识分子分型（CMS）结果显示，CMS2（44%）和CMS4（34%）最常见，而CMS3最少见。

研究的第四部分，对P3和P13这两例患者的4个PDO进行了单细胞RNA测序并进行可视化分析。根据已知基因标记进行注释，将细胞分为十簇，其中1、2、3、4、5、6为干细胞样簇，而0、7、8、9为成熟细胞簇。接下来对这4个PDO的细胞群进行分析，发现在P3患者中转移灶的干细胞比例大于原发灶；而在P13患者中转移灶干细胞的比例小于原发灶。这说明原发灶和转移灶类器官在自发分化方面存在显著差异。经基因本体（GO）富集分析及后续的基因评分研究，发现来自CRLM类器官的干细胞样细胞表现出增强的细胞周期活动和与再生紧密相关的生物过程。这些结果提示，相较于原发性CRC，CRLM中的干细胞/TA（过度扩增）样癌细胞展现了更高的自我更新潜能。同时发现，CRC类器官中的肿瘤干细胞倾向于向成熟细胞分化，而CRLM类器官中的成熟细胞则显示出干细胞去分化的趋势。

研究的第五部分，用氟尿嘧啶、奥沙利铂和伊立替康这3种单药，对50个原发灶和转移灶类器官分别进行药敏试验。研究者发现P12患者对这3种药物表现出敏感性，而P21患者则呈现出耐药性。通过对比25例原发灶和转移灶类器官的剂量反应曲线可以明显观察到，患者来源的CRC类器官对于这

3种药物的敏感性存在显著性差异。为进一步探究这种差异的原因，研究团队对原发灶和转移灶类器官的IC_{50}值进行了t检验。然而结果表明，配对的原发灶和转移灶类器官在药物敏感性方面并没有显著性差异。相关性检验结果表明，原发灶和转移灶类器官的IC_{50}值之间的R值接近1，且P值小于0.001，表明配对的原发灶和转移灶类器官在药物敏感性方面存在显著相关性。

研究的第六部分，CRLM PDO在预测患者接受FOLFOX和FOLFIRI方案的临床反应时，所展现出的曲线下面积（AUC）分别为0.850和0.920，表明预测效能良好。此外，当用于预测CRLM患者接受不同治疗方案后的临床无进展生存期（PFS）时，其AUC值也分别达到了0.714（FOLFOX方案）和0.750（FOLFIRI方案），显示出其对患者预后的有效预测能力。因此，CRLM PDO具有预测患者临床治疗反应（无论是FOLFOX还是FOLFIRI方案）及临床预后的巨大潜力，说明CRLM类器官的体外联合药敏试验结果与患者的实际临床治疗反应之间存在着高度的关联性。

通过此研究，我们了解到PDO不仅保留了其来源肿瘤的组织病理学和分子特征，还成功捕捉了患者内部及患者间的异质性，为个性化医疗提供了丰富的数据支持。此外，体外药敏试验进一步证实PDO对单药或联合治疗的反应存在异质性，这为其在精准医疗领域的应用提供了理论基础。综上所述，PDO的肿瘤和药物异质性研究为个性化医疗的未来发展奠定了坚实的基础。

5.3　肿瘤类器官应用的个案报道

个案报道研究（case report study）是一种医学研究方法，通常通过详细描述单个患者或少数患者的临床特征、诊断过程、治疗方法和疗效，提供有关某些罕见病症、特异性反应或新治疗方法的实际数据。尽管个案报道的样本量小，且缺乏对照组，但其能够为临床医生提供有价值的实践经验，尤其是在面对复杂或不寻常病例时。个案报道研究常常能发现新的疾病表现、药物副作用或未被广泛认识的临床现象。因此，在某些情况下，它是发现医学新问题的重要途径。

在肿瘤类器官研究中，个案报道尤其具有重要的应用价值。肿瘤类器官技术作为一种新兴的研究工具，可以模拟患者的肿瘤生物学特性，并提供个性化的药物敏感性测试。因此，基于肿瘤类器官的个案报道不仅能够深入探讨特定患者的治疗反应，还能为个性化治疗方案的设计提供参考。这类研究往往关注临床治疗中遇到的复杂情况，如肿瘤的异质性、靶向药物耐药性、治疗副作用等，从而帮助提高临床决策的精确性和治疗效果。

虽然个案报道的研究规模有限，但其能够补充和丰富大规模队列研究无法完全覆盖的临床情境，对促进新疗法的推广和提高医疗质量具有不可忽视的作用。在肿瘤类器官研究领域，个案报道为实际临床病例的转化研究提供了基础，推动了肿瘤精准诊疗的临床应用。

5.3.1　个案报道研究概览

个案报道研究见表5.3。

表5.3　文献归纳

样本来源	文献标题	通信作者	年份
双侧乳腺癌	Patient-derived organoid elucidates the identical clonal origin of bilateral breast cancer with diverse molecular subtypes[29]	Shanshan Liang	2024
肺腺癌	Adjuvant crizotinib treatment selected by patient-derived organoids in a patient with stage Ⅲ A adenocarcinoma with novel LRRTM4-ALK fusion：a case report[30]	Shanqing Li	2023
青少年宫颈胚胎性横纹肌肉瘤	Patient-derived organoids facilitating individual therapy in an adolescent with embryonal rhabdomyosarcoma of the cervix：a case report and literature review[31]	Minmin Hou	2023
肝细胞癌伴神经内分泌分化	Patient-derived tumor organoids for personalized medicine in a patient with rare hepatocellular carcinoma with neuroendocrine differentiation：a case report[32]	Markus H. Heim	2022
胃肠道间质瘤肝转移	Patient-derived organoid facilitating personalized medicine in gastrointestinal stromal tumor with liver metastasis：a case report[33]	Shuai Han	2022
肝内胆管癌	Conversion therapy of intrahepatic cholangiocarcinoma is associated with improved prognosis and verified by a case of patient-derived organoid[34]	Jiangtao Li	2021

5.3.2 典型研究案例

双侧乳腺癌（BBC）是一种不常见的乳腺癌，其定义为双侧乳腺组织同时或先后发生的癌症，发病率占所有乳腺癌的2%～11%。根据首次肿瘤出现的时间间隔，BBC主要分为同步双侧乳腺癌（SBBC）和异时性双侧乳腺癌（MBBC）。BBC的治疗方案与单侧乳腺癌一致，通常包括手术联合放疗、化疗、内分泌治疗和靶向治疗。一项涉及6550例BBC病例的研究表明，辅助治疗对MBBC具有矛盾的双重作用，在降低风险的同时可能并未改善预后。这强调了迫切需要了解BBC的病因和完善辅助治疗的策略。肿瘤类器官已经成为癌症研究、高通量药物筛选和个性化医疗反应评估的工具。然而，类器官在BBC研究中的应用鲜有报道，大多数研究集中在SBBC和MBBC的发病率、预后或比较分析上，很少有关于治疗方法或潜在机制的研究。鉴于BBC的自发性和异质性，以及在开发合适的动物模型方面的挑战，研究乳腺癌类器官是目前解决这些研究难题最有希望的途径。

1. 研究简介 本研究由大连大学附属中山医院的王若雨教授及梁珊珊教授的科研团队完成。这项研究成功地从一例双侧乳腺癌（BBC）患者的肿瘤样本中建立了PDO，揭示了类器官在阐明BBC的分子特征和克隆演化中的巨大潜力，为探索其遗传基础和治疗策略提供了重要见解。

结果表明，从单一肿瘤样本衍生的类器官可以准确再现双侧乳腺癌的基因图谱，突显了其在个性化治疗发展和深入了解BBC发病机制方面的潜力。然而，尚须开展深入研究，特别是获取更多SBBC患者的样本，以扩展类器官模型在临床中的应用。这项工作为使用类器官技术治疗复杂且罕见的癌症，如BBC提供了有希望的前景。

2. 研究内容 本研究从一例接受乳腺癌改良根治术的SBBC患者的手术肿瘤组织中建立了两个类器官。值得注意的是，来自右乳的类器官被发现保留了关键的驱动突变，并在所有BBC组织样本（一个来自左乳和两个来自右乳）中表现出线性进化，证实了类器官作为阐明BBC潜在机制体外模型的价值。

样本信息：患者为一例52岁中国女性，于2022年8月因双侧乳房肿块在大连大学附属中山医院住院治疗。患者于10天前发现双乳肿块，无疼痛，无乳头溢液，外观无改变。乳腺超声显示，右侧乳腺实性肿块（BI-RADS 4c、BI-RADS 4a）及低回声（BI-RADS 3），左侧乳腺实性肿块（BI-RADS 4a、BI-RADS 4c）及多发低回声（BI-RADS 4a），未见腋窝淋巴结（LN）。乳腺X线摄影显示，右乳结节（BI-RADS 4c），双侧乳腺增生伴良性钙化。入院第3天行双侧乳房改良根治术及前哨淋巴结活检。术后病理报告3处癌灶：浸润性乳腺癌（右乳，中分化）、低级别纤维瘤样梭形细胞癌（右乳，高分化）、浸润性乳腺癌（左乳，中分化），未见腋窝淋巴结转移（0/19）。该患者于术后6个月完成7周AC-T方案化疗，未发现全身转移灶。于术后第10个月进行了末次淋巴结超声检查。

随后建立PDO，从手术组织中培养两组PDO。左乳肿瘤组织较小，消化后仅获得1.1×10^5个细胞，而右乳肿瘤细胞数量为4.4×10^5个，随后将其接种并在明场显微镜下监测每个类器官的生长。在形态学上，来自双侧乳腺组织的类器官之间没有实质性差异。主要表现为紧凑的球状结构，其中一部分细胞位于Matrigel的底部，并以星形向外延伸。第二次传代后的第14天，两种类器官细胞都被收获，一部分被包裹在蜡块中，一部分被冷冻保存以进行测序。值得注意的是，尽管来自左乳腺肿瘤的类器官生长情况良好，但用于全面病理分析和基因分析的数量不足，可能是由于开始时获得的细胞数量有限。

随后，本研究证实了BBC类器官符合原始肿瘤组织学特征。分别用来自患者的左乳房和右乳房两个肿瘤组织样本构建类器官。本研究对这些样本及来自双侧乳房的组织进行病理学诊断。术后病理结果如下：①左乳浸润性乳腺癌，中度分化，ER（80%+）、PR（90%+）、HER2（0）、Ki-67指数30%。②右乳浸润性乳腺癌，中度分化，ER（80%+）、PR（90%+）、HER2（0）、Ki-67指数10%。③右乳低级别、分化良好的纤维瘤样梭形细胞癌，ER（–）、PR（–）、HER2（0）和Ki-67指数10%。从右乳成功建立的类器官显示ER（–）、PR（–）、HER2（0）和Ki-67指数10%的标志物表达谱。这些发现与右乳三阴性乳腺癌（TNBC）的分子病理特征一致。

此外，研究证实了培养的类器官保留了各肿瘤组织主要的驱动突变。为了确定来自右乳的类器官是否保留了原肿瘤组织中存在的基因突变，并评估其与其他两个肿瘤组织的遗传相似性，本研究对类器官和3个BBC组织进行了全外显子组测序（WES）。3个乳腺癌组织的拷贝数变异（copy number variation，CNV）差异显著，类器官的拷贝数变异小于组织。从变化范围（–20～5）来看，类器官的CNV更接近右乳TNBC（–17.5～0），与病理结果一致。以cBioPortal数据库中的突变基因为基础，对2509个乳腺原发肿瘤和548个匹配的正常组织进行靶向测序，热图显示了3个肿瘤组织和1个类器官样本中受错义突变、移码突变或剪接位点突变影响的前10位癌症驱动基因，样本之间也存在多样性突变。此外，本研究深入探讨了类器官和组织样本之间SNP和Indel改变的相似性。结果表明，类器官和TNBC组织显著匹配。为了同时观察BBC的3个不同位置的病变组织在克隆进化中是否具有相同的起源，以及培养的类器官是否可以捕捉到这一现象，本研究通过将类器官培养物与TNBC和3个BBC组织一起分析肿瘤的进化，使用最新的算法对其克隆进化进行跟踪。通过超高频分析生成的河流图，表示从右乳肿瘤组织生成的类器官和3个BBC组织培养的类器官的克隆进化。该分析显示，从单个BBC组织中建立的类器官沿着相同的轨迹进化，具有共同的早期驱动突变，包括*THEMIS*、*ATXN3*、*RCC1*、*ATP4B*、*PLOD3*、*SCD*、*ZNF318*、*ULK1*、*KRT2*，与其他癌症组织相同。这些发现表明，来自单一肿瘤组织的类器官保留了该患者肿瘤发生关键的驱动突变，并以该类器官为基线，所有BBC组织呈现出线性进化的关系。

总的来说，BBC具有不同的组织学类型和核分化，因此不同的病变对相同的治疗方案可能有不一致的反应。现有的辅助治疗仅基于肿瘤最不利的病理特征，而不考虑其他病变的反应，这可能是BBC治疗失败的主要原因。考虑到这一点，类器官将是研究BBC的一个良好的模型。由于BBC受到相同的种系遗传和环境暴露的影响，因此，来自一个组织的类器官应该包含了BBC的大部分肿瘤亚群。从WES结果来看，类器官的体细胞突变也比其他

BBC样本都丰富。因此有必要建立BBC类器官模型，以了解体细胞突变的生物学功能及其在疾病进展中的作用，并为临床制定合理的治疗策略提供指导。本研究结果表明，类器官可以作为理解BBC发展和演变的有力工具。

参 考 文 献

[1] Zhang Y，Houchen CW，Li M. Patient-derived organoid pharmacotyping guides precision medicine for pancreatic cancer. Clin Cancer Res，2022，28(15)：3176-3178.

[2] Tiriac H，Belleau P，Engle DD，et al. Organoid profiling identifies common responders to chemotherapy in pancreatic cancer. Cancer Discov，2018，8(9)：1112-1129.

[3] Wang HM，Zhang CY，Peng KC，et al. Using patient-derived organoids to predict locally advanced or metastatic lung cancer tumor response：a real-world study. Cell Rep Med，2023，4(2)：100911.

[4] Kim M，Mun H，Sung CO，et al. Patient-derived lung cancer organoids as *in vitro* cancer models for therapeutic screening. Nat Commun，2019，10(1)：3991.

[5] Divoux J，Florent R，Jacobs M，et al. The TRIPLEX study：use of patient-derived tumor organoids as an innovative tool for precision medicine in triple-negative breast cancer. BMC Cancer，2023，23(1)：883.

[6] Pan B，Li X，Zhao D，et al. Optimizing individualized treatment strategy based on breast cancer organoid model. Clin Transl Med，2021，11(4)：e380.

[7] Wu H，Wang W，Zhang Y，et al. Establishment of patient-derived organoids for guiding personalized therapies in breast cancer patients. Int J Cancer，2024，155(2)：324-338.

[8] Chen P，Zhang X，Ding R，et al. Patient-derived organoids can guide personalized-therapies for patients with advanced breast cancer. Adv Sci(Weinh)，2021，8(22)：e2101176.

[9] Ren X，Huang M，Weng W，et al. Personalized drug screening in patient-derived organoids of biliary tract cancer and its clinical application. Cell Rep Med，2023，4(11)：101277.

[10] Mo S，Tang P，Luo W，et al. Patient-derived organoids from colorectal cancer with paired liver metastasis reveal tumor heterogeneity and predict response to chemotherapy. Adv Sci (Weinh)，2022，9(31)：e2204097.

[11] Lv T，Shen L，Xu X，et al. Patient-derived tumor organoids predict responses to irinotecan-based neoadjuvant chemoradiotherapy in patients with locally advanced rectal cancer. Int J Cancer，2023，152(3)：524-535.

[12] Yao Y，Xu X，Yang L，et al. Patient-derived organoids predict chemoradiation responses of locally advanced rectal cancer. Cell Stem Cell，2020，26(1)：17-26 e6.

[13] Ganesh K，Wu C，O’Rourke KP，et al. A rectal cancer organoid platform to study individual responses to chemoradiation. Nat Med，2019，25(10)：1607-1614.

[14] Ooft SN，Weeber F，Dijkstra KK，et al. Patient-derived organoids can predict response to chemotherapy in metastatic colorectal cancer patients. Sci Transl Med，2019，11（513）：eaay2574.

[15] Millen R，De Kort WWB，Koomen M，et al. Patient-derived head and neck cancer organoids allow treatment stratification and serve as a tool for biomarker validation and identification. Med，2023，4（5）：290-310.e12.

[16] Narasimhan V，Wright JA，Churchill M，et al. Medium-throughput drug screening of patient-derived organoids from colorectal peritoneal metastases to direct personalized therapy. Clin Cancer Res，2020，26（14）：3662-3670.

[17] Wang T，Song W，Meng Q，et al. Tumorigenicity and prediction of clinical prognosis of patient-derived gastric cancer organoids. Clin Transl Med，2024，14（2）：e1588.

[18] Zu M，Hao X，Ning J，et al. Patient-derived organoid culture of gastric cancer for disease modeling and drug sensitivity testing. Biomed Pharmacother，2023，163：114751.

[19] Li J，Xu H，Zhang L，et al. Malignant ascites-derived organoid（MADO）cultures for gastric cancer *in vitro* modelling and drug screening. J Cancer Res Clin Oncol，2019，145（11）：2637-2647.

[20] Steele NG，Chakrabarti J，Wang J，et al. An organoid-based preclinical model of human gastric cancer. Cell Mol Gastroenterol Hepatol，2019，7（1）：161-184.

[21] Vlachogiannis G，Hedayat S，Vatsiou A，et al. Patient-derived organoids model treatment response of metastatic gastrointestinal cancers. Science，2018，359（6378）：920-926.

[22] Shu D，Shen M，Li K，et al. Organoids from patient biopsy samples can predict the response of BC patients to neoadjuvant chemotherapy. Ann Med，2022，54（1）：2581-2597.

[23] Campaner E，Zannini A，Santorsola M，et al. Breast cancer organoids model patient-specific response to drug treatment. Cancers（Basel），2020，12（12）：3869.

[24] de Witte CJ，Espejo Valle-Inclan J，Hami N，et al. Patient-derived ovarian cancer organoids mimic clinical response and exhibit heterogeneous inter- and intrapatient drug responses. Cell Rep，2020，31（11）：107762.

[25] Seol HS，Oh JH，Choi E，et al. Preclinical investigation of patient-derived cervical cancer organoids for precision medicine. J Gynecol Oncol，2023，34（3）：e35.

[26] Chan HSC，Ng HK，Chan AK，et al. Establishment and characterization of meningioma patient-derived organoid. J Clin Neurosci，2021，94：192-199.

[27] Kim D，Park J，Park HC，et al. Establishment of tumor microenvironment-preserving organoid model from patients with intracranial meningioma. Cancer Cell Int，2024，24（1）：36.

[28] Broutier L，Mastrogiovanni G，Verstegen MM，et al. Human primary liver cancer-derived organoid cultures for disease modeling and drug screening. Nat Med，2017，23（12）：1424-1435.

[29] Han Z，Yao L，Fang Y，et al. Patient-derived organoid elucidates the identical clonal origin of bilateral breast cancer with diverse molecular subtypes. Front Oncol，2024，14：1361603.

[30] Li B，Jia Z，Huang Z，et al. Adjuvant crizotinib treatment selected by patient-derived organoids in a patient with stage ⅢA adenocarcinoma with novel LRRTM4-ALK fusion：a case report. Transl Lung Cancer Res，2023，12（11）：2322-2329.

[31] Qiao X，Zeng Z，Chen P，et al. Patient-derived organoids facilitating individual therapy in an adolescent with embryonal rhabdomyosarcoma of the cervix：a case report and literature review. Front Oncol，2023，13：1241507.

[32] Meier MA，Nuciforo S，Coto-Llerena M，et al. Patient-derived tumor organoids for personalized medicine in a patient with rare hepatocellular carcinoma with neuroendocrine differentiation：a case report. Commun Med（Lond），2022，2：80.

[33] Cao Y，Zhang X，Chen Q，et al. Patient-derived organoid facilitating personalized medicine in gastrointestinal stromal tumor with liver metastasis：a case report. Front Oncol，2022，12：920762.

[34] Wang Z，Jin Y，Guo Y，et al. Conversion therapy of intrahepatic cholangiocarcinoma is associated with improved prognosis and verified by a case of patient-derived organoid. Cancers（Basel），2021，13（5）：1179.